REBECCA BEARD

Was Jedermann sucht

Gesundung durch Einheit des Lebens

Mit einem Vorwort von Dr. Otto Buchinger

Fünfte Auflage

*Du findest, wie du suchst: wie du auch klopfest an
Und bittest, so wird dir geschenkt und aufgetan.-*
Angelus Silesius

TURM VERLAG BIETIGHEIM/WÜRTT.

April 1986

Die Übersetzung aus dem Amerikanischen besorgte Therese Herzog.
Die Originalausgabe erschien im Verlag Harper & Brothers, New York, unter dem Titel
Everyman's Search.

ISBN 3 7999 0018 7

Alle Rechte vorbehalten. Printed in Germany
Copyright für die deutsche Ausgabe 1956 by Turm Verlag, Bietigheim
Druck: Anton Hain KG, Meisenheim/Glan

Inhaltsverzeichnis

Seite

Vorwort zur deutschen Ausgabe
von Dr. med. Otto Buchinger 5
Aus dem Geleitwort des Bischofs von Croyden . 9
1. Von der ärztlichen Praxis zur geistigen Heilweise . 11
2. Hindernisse auf unserm Wege 19
3. Sprich mit deinen Zellen! 27
4. Das unerforschte Land der Seele 35
5. Psychosomatische Medizin 46
6. Lösung unserer Affekte 54
7. Gesundung von innen her 62
8. Der Mensch, das „unbekannte Wesen" 70
9. Erkenne, wer du bist! 78
10. Gib deiner Welt einen neuen Namen! 85
11. Wir alle sind Gottsucher (Die Geschichte Hiobs) . 99
12. Einer sagte Dank 107

Meditationen 115

Kern-Therapie (Der Segen der Fürbitte) 155

VORWORT
zur deutschen Ausgabe

Wir Menschen haben seit Tausenden von Jahren jedesmal versagt, wenn etwas Sonderliches, etwas Unsägliches gesagt wurde, wenn etwas auftauchte ohne gezielte Ausrechnung und akademische Weihen, wenn etwas erschien, das hart ans Absolute und Unbedingte grenzte, was dem zergliedernden Verstand ein Schnippchen zu schlagen schien, kurzum, was eben gar zu neu und ungewohnt erschien. Alles ganz Religiöse ist nun aber so. „Und sie entsetzten sich" vor der „harten" Rede. „Wer mag das hören?" „Den Juden ein Ärgernis und den Griechen eine Torheit." Nicht nur in Palästina und bei uns, nein auch schon im ältesten und fernsten Asien, wo die Sonne jeweils früher aufgeht, war es immer so. Konfuzius war ja noch immer leidlich vernünftig. Aber Laotse? Sein „Tao" wurde anscheinend erst einmal vom Gelächter getötet. Z. B. „Das Schwächste besiegt das Allerstärkste". Klingt's nicht beinahe christlich? Alles wirklich Religiöse ist doch mehr oder weniger paradox. Aber der Alte wußte längst: „Wenn Leute mittleren Verstandes vom Tao hören, lachen sie gewaltig." (Man achte auf die köstliche Ironie in dem Adjektiv „mittleren"!) Dieser religiöse Tor zählt immerhin schon seit Jahrtausenden zu den Größten der Weltgeschichte. Und so geht es denn über das Mittelalter immerfort bis in die Neuzeit hinein. Einer der Letztentdeckten dieser Gruppe dürfte wohl der Däne Kierkegaard sein, dieser radikale und totale Christrevolutionär des 19. Jahrhunderts. Warum muß nur immer erst verbrannt, gekreuzigt, geköpft oder verlacht werden, ehe etwas „entdeckt" wird? Weil eben die Menschen seit Jahrtausenden noch immer dieselben sind. Weil die Masse Mensch, die auch Jesum Christum hinrichten ließ – im Namen der Religion –, in allen Religionen dieser Erde stets Angst hat vor dem unverdünnt Transzendenten.

Aber schlagen wir jetzt einmal auch *dieser* „Tatsache" ein Schnippchen und gehen wie ein Kind ohne „Erfahrung", Schlauheit und „Wissenschaft" an ein kleines Buch heran, welches die erstaunliche Behauptung aufstellt (und sie erlebt zu haben scheint): Beim lieben Gott ist *alles* möglich. Also auch etwa das Wunder beglückender, entflammter Gottinnigkeit und daraus entspringender, ganz unfaßlicher, neutestamentlicher Wunderheilungen. Das Bedrängendste dabei ist aber, daß dieses Buch so nüchtern und fest daran *glaubt*, nein sogar darum *weiß* und damit täglich rechnet wie mit der Nässe des Wassers, der Wärme des Feuers, dem Aufgang der Sonne und dem Wandel der Sterne. Also: Wer da richtig anklopft, dem wird anscheinend *wirklich* aufgetan! Und Gottes Wille wird dadurch nicht umgebogen, denn Er *will* ja gerade, daß *so* „angeklopft" wird.

Es ist für einen gescheiten Allerweltskopf gar nicht schwer, ja sogar billig, dies kleine Buch kritisch durchzugrasen und dann Stellen zu finden (besonders im zweiten Teil), die gewagt scheinen, die „übertrieben" scheinen, übersteigert, unfaßlich, sibyllenhaft zu sein scheinen, ja besessen von einem derart überlichteten Ergriffensein und Überzeugtsein, daß man sich scheu umsieht, ob es denn noch Alltag ist und ob man noch immer in Raum und Zeit lebt.

Ähnlich religiös Radikales findet sich heute fast nur noch bei den Meistern und Heiligen des erleuchteten Asiens, etwa in Indien oder Tibet, dem Lande unglaublicher Durchbrechungen der „Naturgesetze". Aber halt, dies Buch ist ja doch ganz christlich und ganz „westlich". Und es stammt sogar ausgerechnet aus dem Lande des Dollars und der großindustriellen Konzerne, aus Nordamerika. Und stammt von einer Ärztin, einem studierten und graduierten Menschen, einer klugen Frau, die durch genau Beobachtetes, Selbsterlebtes bis zur weißen Glut der christlichen Totalität heilenden Betens entzündet wurde. Und dabei diese Ruhe! Sie nimmt all diese beglückenden Gebetserhörungen ganz sachlich und einfach hin wie ein Kind, dem ein Apfel geschenkt wird. „Danke, Vater!"

Ach wenn wir neunmal gesiebten und klugen Skeptiker, die wir uns alle Christen nennen und die wir sicher auch alle fromm sein wollen, ach wenn wir das doch selber einmal erreichen könnten! Wahrlich, unser Herr spricht doch deutlich genug: „Wie ein Kind" sollten wir uns gegenüber dem Heiligen, Unfaßlichen, fast Unglaublichen verhalten, dann könnten wir „Berge" versetzen. Oder spricht Er nicht so? Sollte Er etwa auch „übertreiben"? Glauben wir etwa eher seinen Blutsverwandten, denen Er ein Besessener war oder „von Sinnen"? Oder fassen wir lieber Mut und glauben endlich einmal nur Ihm?

Genug, dies Buch glaubt allem Anschein nach nur Ihm. Und es ist aus der Hand der Ärztin Rebecca Beard. –

Die allzu billig kritisierbaren Meditationen im zweiten Teil dieses Buches sind ganz offenbar persönlich erfahren und erlebt und völlig eigen. Insofern also ein gutes Beispiel für den bekannten Weg aller Mystiker, Meister und Eingeweihten. Das alles will aber diese Frau sicher gar nicht sein. Dies Buch ist kein Lehrbuch, wie „man" es etwa machen soll. Und es gibt uns dennoch eine Lehre, eine höchst einprägsame: Du sollst *suchen!* Sollst suchen genau wie der Heiland, unser großer Arzt es dir vorschreibt. Näher heran an die Feuerlinie Gottes sollst du rücken, an die unsägliche Wirklichkeit der höchsten Instanz! Gewiß auf *deine* Art, lieber Leser. Dein Weg wird anders sein, aber *wenn* schon eingeschlagen, dann doch nicht wesentlich anders. Wer schon die großen Mystiker kennt, der erkennt auch hier das Ähnliche und im Wesen sogar das Gleiche.

Daß wir stärker Gehemmten und Beschwerten dies gottentzückte Hochschweben bis in die magische Feuerlinie Gottes nicht fertigbringen, daß wir Armen, wir stärker Gefesselten solch einer Lösung nicht oder noch nicht fähig sind, gibt uns aber wahrlich nicht das Recht zur neidvollen, zweifelnden oder verzweifelten Ablehnung. Als Peitsche dagegen auf unsere matt, faul und behäbig gewordene „heilige Unzufriedenheit" und anspruchslose Sehnsucht sollten wir allerdings ein solches glückhaft störendes Erweckungsmittel dankbar hinnehmen. Jawohl, die Unruhe unserer Uhr ist müde. Die Spannung der Feder fehlt. Und der Wecker ist nicht aufgezogen. Wir Christen schlafen als Moles inagitata, als wenig bewegte Masse in ein immer neues Elend dieser Welt hinein. Und da wir ja Kirchensteuer zahlen und sogar Andachten halten und fromm seufzen über Krieg und Rüstung und Schlechtigkeit dieser Welt, haben wir sogar das genügend empörte gute Gewissen und keine Schlafstörung.

Genug, und um es noch einmal zu sagen: Diese merkwürdige Verfasserin glaubt allem Anschein nach *nur Ihm*. Und unter ihrem kindlichen Gehorsam erblühen nun ganz offenbar und ganz folgerichtig die Zeichen und Wunder, die uns lahmen Nachfolgern unser Meister und Herr wörtlich und unmißverständlich versprochen hat. Ob solch ein Beispiel, solch ein Büchlein gefrorene Christentümer zum Aufblühen bringen könnte? Aber: Bei Gott sind ja *alle* Dinge möglich.

Der dies Geleitwort sich aus Kopf und Herzen schreibt, er befand sich gerade mitten in einem etwas trubelhaften Umzug nach dem Süden Deutschlands, als ihm ganz unerwartet das Manuskript der Übersetzung von "Everyman's Search" der Rebecca Beard durch Therese Herzog auf den bereits geräumten Schreibtisch gelegt wurde. Zögernd und wenig erfreut ging der Verfasser dieses Vorworts an das Lesen. Mit manchem Kopfschütteln, gewiß. Aber das half bald alles nichts mehr. Ergriffen und bewegt ließ er alles andere liegen und las und las. Und schließlich konnte er nur noch sagen:

Für alle sehnsüchtig nach dem, was not tut, Suchenden und für alle mit sich selber recht Unzufriedenen ist dies Buch

ein religiös überaus wertvolles Buch.

Dr. med. Otto Buchinger sen.
z. Z. Überlingen am Bodensee

Aus dem Geleitwort zur englischen Ausgabe
vom Bischof von Croyden

„Wir haben hier ein Buch, das nicht nur ungewöhnlich fesselt, sondern auch von ganz besonderer Bedeutung ist. Meines Erachtens ist es eines der wichtigsten Bücher, die jemals über das Gebiet der geistigen Heilung geschrieben worden sind. Die Verfasserin, eine amerikanische Ärztin, behandelt darin den außerordentlich starken Einfluß des Geistes auf den Körper. Sie betont die Bedeutung des positiven Denkens und des erwartungsvollen Betens..."

„Dies Buch sollte jeder Geistliche und jeder Laie lesen, dem es am Herzen liegt, seinen Mitmenschen zu helfen..."

Cuthbert Croyden

Am 21. Dezember 1952 ist Rebecca Beard aus diesem Leben abberufen worden, kurz nach dem Erscheinen des dritten und letzten ihrer Bücher, in denen sie die ihr anvertraute Botschaft ausgesprochen hat. „Everyman's Mission" (Unser Auftrag) ist ihr Vermächtnis an die Menschen. Sie fühlte sich nur noch als Werkzeug einer höheren Macht, als sie hier einige ihrer tiefsten Erkenntnisse niederlegte. Ihren Freunden erschien ihr Leben als ein ununterbrochenes Zeugnis des sich in Taten beweisenden inneren Lichtes. Es war ihr vergönnt, ihr Leben und ihre Sendung zu erfüllen.

1. Von der ärztlichen Praxis zur geistigen Heilweise

Jeder Suchende geht seinen eigenen Weg; seine Erfahrungen können aber anderen Suchenden von Nutzen sein.

Unsere Erfahrungen führten uns von der wissenschaftlichen Medizin zur geistigen Heilweise. Auf den ersten Blick mag ein solcher Schritt eher einer völligen Umwandlung als einer Weiterentwicklung gleichen.

Wenn ich jedoch auf die Etappen zurückschaue, die wir hinter uns ließen, so sehe ich hier für den Jünger der Naturwissenschaft eine zwangsläufige Entwicklung, falls er willens ist, weit genug zu gehen. Ob man auf diesem Wege vorwärts kommt oder nicht, hängt meines Erachtens von der inneren Bereitschaft ab, aufgeschlossenen Sinnes weiterzuforschen.

In meinen Jugendjahren war die Naturwissenschaft meine Religion. Durch Vertiefung in mein Studium hatte sie mich so in ihren Bann geschlagen, daß ich für nichts anderes Augen und Ohren hatte. Meiner wissenschaftlichen Ausbildung verdanke ich viel, denn mein erster tieferer Gottesbegriff entsprang meinen Einsichten in die Gesetze der Atomwertigkeiten, der Atomtheorie und des periodischen Systems. Das alles bewies mir die der Natur zugrunde liegende Ordnung und logische Vernunft.

Ich erhielt hier einen Einblick in die Zuverlässigkeit und Unwandelbarkeit der Naturgesetze. Auf diesen Erkenntnissen baute sich in immer wachsenden Ringen mein Glaube auf.

Es ist nicht so einfach, die einzelnen Übergangsstufen von der wissenschaftlichen Medizin zur geistigen Heilweise zu beschreiben. Man muß hie und da die Fäden aufnehmen und sie ineinanderweben, so wie man sie in der Erinnerung wiederfindet. Mit der zeitlichen Entfernung wird es immer schwieriger, uns deutlich an das zu erinnern, was für uns entscheidend gewesen ist. Ich will aber nach Möglichkeit versuchen, die einzelnen Etappen aus dem Gedächtnis wiederzugeben, denn wenn man einen Weg sucht, so ist es manchmal eine Hilfe, etwas von der Reisestrecke zu erfahren, die ein anderer zurückgelegt hat.

Während meines Dienstes im Krankenhaus wurde mir schon früh die Apotheke anvertraut, weil ich eine ruhige Hand hatte und beim Umgießen von einer Flasche in die andre nichts verschüttete. Jeden Morgen füllten wir die Arzneiflaschen für die einzelnen Stationen aus den großen Flaschen in der Apotheke auf. Nach einigen Monaten bemerkte ich da manches Seltsame über die Beliebtheit gewisser Mittel und den Glauben der Ärzte an bestimmte Präparate. Ein neues Heilmittel wurde bei seinem ersten Auftauchen von allen Ärzten freudig begrüßt. Die Nachfrage war so groß, daß man mit dem Auffüllen der Flaschen kaum nachkam. Dann schlichen sich nach und nach Zweifel und Kritik ein; man hörte von ungünstigen Folgeerscheinungen – bis jenes Mittel seine Beliebtheit verlor. Die Riesenflaschen, aus denen die anderen nachgefüllt wurden, schob man allmählich immer weiter nach hinten, und ich fragte mich dabei: Wie sonderbar! Warum?

Heute scheint die medizinische Welt immer weiter abzurücken von der Welt der eigentlichen Medikamente; man wendet lieber natürliche Heilmittel an, die dem Organismus mehr oder weniger wesensverwandt sind. Man hat die Wirkung der Hormone und Enzyme, der Vitamine und Mineralsalze erkannt, die sich unser Körper, wenn er sich immer in vollkommener Harmonie befände, von selbst aneignen oder aus sich hervorbringen würde.

Es geschah noch anderes, das mir die Frage aufdrängte: Warum? Es kam vor, daß einer der Patienten nach einer schweren Erschöpfung oder einem Schock in tiefe Bewußtlosigkeit sank und wir kaum noch Pulsschlag und Atmung feststellen konnten. Dann begann ein fieberhaftes Suchen nach dem für diesen Fall zuständigen Arzt. Wenn er nicht gleich zu finden war, standen wir in angstvoller Spannung am Krankenbett.

Man lernt sehr bald, die Schritte der verschiedenen Ärzte im Krankenhaus zu unterscheiden. Und wenn wir da am Bett standen, den Finger auf dem Puls des Patienten, dann fühlten wir noch eher, als wir es hörten, wie die belebende Botschaft durch die Gänge lief: „Der Doktor ist gekommen!" „Der Doktor ist schon da!"

Es ist und bleibt ein Geheimnis, wie auch der Patient dies zu fühlen schien: noch ehe der Arzt die Treppe heraufgekommen war, stieß der Kranke einen tiefen Seufzer der Erleichterung aus und erwachte aus der Erstarrung. Wir konnten spüren, wie der Puls wieder schlug und der Atem tiefer wurde, wie die Wärme neuen Lebens den Körper durchströmte und die Farbe langsam in Lippen und Ohren stieg. – „Der Doktor ist da!" – Manchmal war die Befreiung von der Angst so deutlich spürbar, daß man das Gefühl haben mußte: hier war mehr als das, was äußerlich in Erscheinung trat.

Zuweilen kam es auch vor, daß eine Konsultation über einen Schwerkranken stattfand. Dann hieß es: „Es ist keine Hoffnung mehr vorhanden. Es handelt sich nur noch um Stunden." Die Ärzte waren sich in solchen Fällen oft darüber einig, daß man hier nichts mehr tun könne. Vielleicht kam dann ein Pfarrer, eine liebende Mutter oder Frau oder ein Freund und fragte uns: „Darf ich zu ihm hinein? Ich möchte bei ihm bleiben." Es wurde immer erlaubt. Die Tür schloß sich, die Schwestern gingen nur hinein, wenn sie gerufen wurden. Leise schlichen wir an dem Zimmer vorüber, – wir wußten, daß dort gebetet wurde.

Nicht oft, aber mehrere Male haben wir es erlebt, daß der Patient, den man schon aufgegeben hatte, wieder genas und einige Tage später das Krankenhaus verlassen konnte. Die Ärzte sagten dann achselzuckend: „So etwas kann wohl einmal vorkommen." Und wieder erhob sich in mir die Frage: Warum? Warum fragen sie nicht? Wenn es e i n m a l vorkommen kann, warum dann nicht öfter? Wie erklärt sich das? Aber niemand fragte. Niemand suchte nach einer Antwort. Heute ist es uns klar, daß „so etwas" durchaus nicht nur „einmal vorkommt", und daß sich mit einem bloßen Achselzucken diese Frage nicht abtun läßt.

Später kam für mich eine Lebensperiode, in der die Wissenschaft und die Liebe zu ihr mir nicht mehr das gab, was ich brauchte. Ich glaube, daß viele von uns, die wir durch die wissenschaftlichen Erkenntnisse tiefe Eindrücke empfangen hatten, ein noch schlummerndes religiöses Gefühl in uns tragen, oft, ohne uns dessen bewußt zu sein. Wer Lecomte du Nouy's Bücher kennt, muß ihm zustimmen, wenn er sagt, daß ein Naturwissenschaftler ohne schöpferische Phantasie kein wahrer Wissenschaftler sei. Wenn er nicht fähig ist, eine Hypothese aufzustellen, dann taugt er nur zur Aufzeichnung von Tatsachen. Er muß die gottgegebene visionäre Vorstellungskraft besitzen, um seiner ersten Vermutung nachzugehen, und sie dann zu beweisen suchen. Und wir müssen auch fähig sein, von den uns bekannten Tatsachen aus eine Brücke zu schlagen zu denen, die wir erst in dunklen Umrissen vor uns sehen.

Aber wie oft sehen oder fühlen wir nichts davon, bis wir auf die Knie niedergezwungen werden, weil wir an den Punkt gekommen sind, an dem wir mit unserm begrenzten menschlichen Verstand nicht mehr weiter wissen. An diesen Punkt war ich eines Tages selber gelangt, und meine Kollegen, die mich gut kannten und gern hatten, sagten: „Sie müssen Ihre Angelegenheiten in Ordnung bringen, denn den nächsten Herzanfall werden Sie nicht überstehen."

Dann wird es einem klar, daß man einem solchen Ultimatum selber nichts entgegenzusetzen hat. Zum ersten Male in meinem Leben sank ich auf die Knie. Damals erst wurde Gott mir zur Wirklichkeit, und ich ahnte etwas von der grossen Kraft außerhalb von mir, die doch zugleich ein Teil meiner selbst war. „Wenn es möglich ist", rief ich, „nimm dies von mir! Entweder nimm es mir ab, oder nimm mich selber! Mit meiner eigenen Kraft bin ich zu Ende."

Ich erlebte eine große Offenbarung, eine tiefe innere Erleuchtung. In dem Augenblick wußte ich, daß ich geheilt war. Ich wußte auch, daß der Rest meines Lebens der Aufgabe gehörte, anderen den Weg zu solcher Heilung zu weisen. Nun handelte es sich darum, aus meinem bisherigen Wirken zu jenem neuen Wirkungskreis zu gelangen, in dem ich fortan dienen wollte.

Schon lange vorher hatte ich keine Medikamente mehr genommen. Auch sie haben ihren Zweck, und ich habe nichts gegen sie einzuwenden. Es gibt unendlich viele Wirkungsweisen, die mir alle als Gottesgaben erscheinen. Sie haben ihren Zweck und ihren Wert in einem bestimmten Abschnitt unseres Wachstumsprozesses, und man soll sie nicht herabsetzen. Aber wenn wir die Erfahrung machen, daß hinter allen Wirkungsweisen nur eine einzige Kraft steht; wenn wir uns dazu entschließen, uns unmittelbar dieser Kraft zuzuwenden, dann verlieren jene anderen Wirkungsarten ihre Bedeutung. Wir fühlen uns nicht mehr von ihnen abhängig und brauchen sie nicht mehr.

So erübrigt sich aller Streit um die Heilmittel, die man anwendet. Was man davon braucht, zeigt einfach, wie weit man gekommen ist. Wenn man bereit ist, sich nur an die Kraft Gottes zu halten, braucht man die vermittelnden Kräfte nicht mehr. Aber man sollte diesen Schritt niemals erzwingen und nicht vorschnell sagen: „Ich will alles andere aufgeben und sehen, ob ich es entbehren kann." Ja, du wirst es sehen, liebes Menschenkind, aber nicht das, was du gerne sehen möchtest: denn zuallererst muß der Glaube da sein. Die Zeichen werden dann folgen.

Ende 1945 veranstaltete Dr. Glenn Clark eine Konferenz in der Nähe von Minneapolis. Er lud dazu solche Persönlichkeiten ein, die die geistige Heilweise schon längere Zeit ausübten, in der Hoffnung, daß wir unsere Erlebnisse miteinander austauschen würden. Jeder der Teilnehmer hatte auf dem Gebiete der geistigen Therapie schon etwas geleistet. Sie kamen aus den verschiedensten religiösen und wissenschaftlichen Kreisen, obgleich niemand der besondere Vertreter einer bestimmten Gruppe war.

Die geistige Atmosphäre unter jenen Menschen, die ich bei dieser ersten Tagung über geistige Heilweise traf, war anders als alles, was ich bis dahin erlebt hatte. Ich hatte viele Ärzte-Kongresse mitgemacht, bei denen jeder ungeduldig nur darauf wartete, selbst gehört zu werden. Hier waren 35 bis 40 von heiligem Ernst erfüllte Menschen versammelt, von deren Angesichtern das Licht Gottes leuchtete. Jeder von ihnen sagte: „Ich würde viel lieber gar nicht reden; mir liegt daran zu hören, was *Ihr* entdeckt habt." So eifrig war jeder gewillt, dem andern das Wort zu überlassen.

Wir hatten bereits von dem „wunderbaren Dreigestirn" gehört, wie Dr. Clark sich ausdrückte – Louise Eggleston aus Norfolk in Virginia, die mehr Gebetsgruppen ins Leben gerufen hatte als irgendeine andere Frau unseres Landes; Ruth Robison, die Gattin eines Methodistenpredigers, und Agnes Sanford, die Frau eines Hauptpastors der Episkopalkirche, bekannt als Verfasserin des Buches: "The Healing Light" (Das heilende Licht).

An jenem ersten Nachmittag erzählten diese drei hervorragenden Frauen von ihren Erfahrungen: wie sie persönlich geheilt worden waren und wie andere durch Gebet geheilt wurden. Dr. Stanley Tyler und ich waren die beiden Ärzte in der Versammlung, und niemand hat wohl mit gespannterer Aufmerksamkeit zugehört als er und ich.

Unmittelbar nach dieser Zusammenkunft wurden wir alle unbewußt Mitspieler in einem Wundergeschehen, das sich nur mit den Wundern des Neuen Testamentes vergleichen läßt.

An jenem Nachmittag verließ Dr. Tyler tief erregt die Versammlung. Bei seiner Ankunft hatte er uns von einem Patienten erzählt, bei dem ein Magengeschwür unmittelbar vor seiner Abreise in die Bauchhöhle durchgebrochen war. Wir wußten, wie er innerlich hin- und hergerissen worden war zwischen der Pflicht, bei dem Patienten zu bleiben, und seinem Verlangen, der Tagung beizuwohnen. Schließlich hatte er den Kranken seinem Kollegen anvertraut und war gekommen. Aber sein Denken und Fühlen war bei dem Patienten, den er mit einer lebensgefährlichen Bauchfellentzündung zurückgelassen hatte.

Damals galt das Interesse Dr. Tylers weniger der Frage der Gebetsheilung als seinen Neuentdeckungen auf psychosomatischem Gebiet. Er war erfüllt von seinem Thema und voll Eifer, mit anderen darüber zu sprechen, fand aber an seinem Wohnort nur wenig Gehör.

Als Agnes Sanford an jenem ersten Nachmittag ihren Bericht beendet hatte, waren wir alle, auch Dr. Tyler, so bewegt, daß wir schweigend den Raum verließen.

In der großen Halle fand sich auch Dr. Tyler wieder zu uns. „Ich weiß, was ich tun werde", sagte er. „Ich will Agnes Sanford zu uns kommen lassen, damit sie meinen Patienten heilt. Dann werden die Leute kommen und weiter fragen, worum es sich eigentlich handelt, und ich habe Gelegenheit, über meine Erfahrungen zu sprechen."

Mrs. Sanford saß neben Dr. Tyler, während er diese Worte hervorsprudelte. Sie sah lächelnd zu ihm auf und sagte dann: „Einen Augenblick bitte. Ich pflege nicht zu jemand zu kommen, um ihn zu heilen, damit ein anderer über seine eigenen Erfahrungen berichten kann. Wir müssen hier Rat suchen im Gebet."

Der Doktor stimmte zu.

Am nächsten Morgen kamen wir vor dem Frühstück herunter, um uns am Kaminfeuer zu wärmen, denn morgens war es schon recht kühl. Als Dr. Tyler ins Zimmer trat, griff Mrs. Sanford nach ihrer Tasche. „Also, Stanley, wir fahren." Aber er meinte, zuerst wolle er noch telefonieren. „Schön", erwiderte sie. „Wir werden jetzt frühstücken, und wenn Sie telefoniert haben, bringen Sie uns Bescheid."

Wir saßen am Frühstückstisch mit dem Rücken zum Kamin, der Tür gegenüber, als Dr. Tyler wieder hereinkam. Man merkte, daß irgend etwas nicht stimmte. Agnes und ich glaubten beide, das Schlimmste sei eingetreten. Stanley kam an unsern Tisch und sagte erregt: „Da haben wir's! Ich wußte doch, daß wir zu lange gewartet haben!"

Wir hatten beide das Empfinden, daß dies eine etwas sonderbare Art sei, uns die Nachricht zu überbringen. Agnes war voll Mitgefühl. „Es tut mir so leid, Stanley."

Er sah sie ganz entgeistert an, und wir wußten nicht, was wir denken sollten. „Was meinen Sie eigentlich?" fragte er.

„Nun", kam die Gegenfrage, „ist der Patient nicht gestorben? Wollten Sie uns das nicht sagen?"

„Aber nein doch", war die ungeduldige Antwort. „Seine Frau ist am Telefon gewesen und hat gesagt, es sei alles in

Ordnung. Heute morgen ist er aufgestanden, hat sein Frühstück gegessen und ist völlig gesund." Es klang, als wenn ein kleiner Junge erzählt, daß man ihm seine neuen Schuhe weggenommen habe, und wir konnten kaum glauben, daß der Doktor im Ernst sprach. Aber es war so. Der Mann war geheilt, und Dr. Tyler wußte nicht, daß die Geschichte vom Knecht des Hauptmanns von Kapernaum sich soeben von neuem vor ihm und uns abgespielt hatte. Das wurde uns allen erst später klar.

Es ist zu beachten, daß Stanley Tyler nicht etwa gesagt hatte: *„Wenn* sie ihn heilen kann", sondern: „Ich will sie zu uns kommen lassen, *damit* sie meinen Patienten heilt. Dann werden die Leute kommen und weiter fragen, worum es sich eigentlich handelt." Man sieht, daß es für Stanley überhaupt keinen Zweifel gab. Und in derselben Stunde war der Mann gesund geworden! Seit jenem Ereignis ist Dr. Stanley Tyler unablässig bemüht, anderen zu erzählen, „worum es sich eigentlich handelt".

Im nächsten Jahr, Oktober 1946, fuhren mein Mann und ich zusammen zu der zweiten Tagung für geistige Heilung nach Minneapolis. Im Frühjahr 1947 lösten wir unsern Haushalt auf und ließen uns in Merrybrook nieder, um uns ganz der geistigen Heilweise zu widmen.

2. Hindernisse auf unserm Wege

Wenn wir an die Erfahrungen unserer zwanzigjährigen ärztlichen Praxis zurückdachten, dann stand uns der eine oder andere unserer Patienten vor Augen, dem die Ärzte nur noch eine kurze Lebensfrist zugesprochen hatten, und der trotzdem weiterlebte, – manchmal sogar noch sehr lange. Die Frage: heilbar oder unheilbar? war das erste Hindernis auf unserm Wege.

Wir besitzen einen Bericht von dem Rat der englischen Kirchen für Krankenheilung (Churches' Council of Healing), einem überkonfessionellen Gremium, begründet von dem verstorbenen Erzbischof von Canterbury, William Temple. In diesem Bericht wird bedauert, daß die Ärzte so oft das Wort „unheilbar" gebrauchen. Dann heißt es weiter: „Der christliche Arzt kommt mehr und mehr zu der Erkenntnis, daß es wissenschaftlich nicht gerechtfertigt sei, irgendeine Krankheit als unheilbar zu bezeichnen, daß er vielmehr den unsichtbaren Faktor der Erneuerungskräfte aus dem Glauben als seinen größten Verbündeten anzusehen habe."

Als uns der Gedanke erfaßt hatte, jeder Krankheit, jedem Problem gegenüber nur im Gebet Lösung zu suchen, war es nur natürlich, daß wir uns fragten: wie verhalten wir uns zu den sogenannten hoffnungslosen Fällen, wie zu den Krankheiten, die nach Ansicht der ärztlichen Wissenschaft unheilbar sind? Irgendeinen Krankheitszustand als unheilbar zu erklären, war mir nicht länger möglich, weil die Erfahrung mich immer wieder gelehrt hatte, daß durch die Kraft des Gebetes zuweilen gerade solche Fälle geheilt worden waren. Ich konnte nicht mehr zu einem Patienten sagen: „Sie haben nur noch kurze Zeit zu leben. Es gibt keine Hoffnung mehr." Wie konnte irgendein Mensch das wissen?

Mit der Zeit widerstrebte es mir immer mehr, über einen Krankheitsfall eine sichere Voraussage zu machen, ja, überhaupt noch eine Diagnose zu stellen. Wenn ich nämlich zu jemand sagte: Sie haben ein schweres Leiden – oder ein durch und durch krankes Organ –, so empfand ich, daß ich damit sein Unterbewußtsein mit einer ganz bestimmten Vorstellung belastete, die er nur sehr schwer vergessen oder wieder ausschalten konnte.

Beim Übergang von der medizinischen zur geistigen Therapie handelte es sich für mich nicht darum, auf Medikamente zu verzichten, die ich ja schon seit längerer Zeit aufgegeben hatte, – wenn man nicht auch die natürlichen Heilmittel wie Hormone und Vitamine so nennen will. Das Hindernis, über das ich nicht hinwegkam, war die Diagnose. Wenn ein Arzt keine Diagnosen mehr stellt, dann übt er keine Praxis mehr aus.

Weiter erhob sich die Frage, ob es richtig sei, jeden Menschen durch Gebet heilen zu wollen. Unzweifelhaft hat die ärztliche Wissenschaft das Recht zur Anwendung einer jeden Methode, die Wiedererlangung der Gesundheit verspricht. Warum also sollte es zweifelhaft sein, ob man durch geistige Kräfte allein eine Heilung herbeiführen darf? Fragen wir jemals den Arzt: „Glauben Sie, daß es richtig ist, diesen Menschen gesund zu machen?" Wir konnten nicht verstehen, warum wir zögern sollten, es mit geistigen Mitteln zu tun.

In seinem Buche "Intelligent Prayer" (Nachdenkendes Beten) hat Lewis Mac Lachlan uns mancherlei über dies Thema zu sagen. „Der Glaube, daß Krankheiten durch Gebet geheilt werden könnten und sollten, stößt oft auf heftigen und zuweilen entrüsteten Widerspruch. Man wendet sich nicht gegen die Heilung selbst, sondern gegen eine Heilung aus dem Glauben. Die Menschen geben sich für gefährliche Experimente aller Art her, können aber nicht glauben, daß Gott sie auch auf ganz andere Weise heilen kann ... Wie Naeman, der Syrer*), nehmen sie gerade daran Anstoß, daß der Glaube etwas so Einfaches ist. Sie glauben an Heilung, aber nur auf Grund äußerer Mittel; sie erwarten, daß Gott sie heilt, aber nur auf eine von Menschen erdachte

---

*) Vgl. 2. Könige 5.

Weise. Der Glaube hat sich von der geistigen auf die materielle Ebene verlagert. Unsere Kenntnis der Materie hat sich so erweitert, daß uns von den viel kostbareren Erkenntnissen auf geistigem Gebiet vieles verlorengegangen ist.

„Wir leben in einem geordneten Weltall, in dem die göttliche Macht sich im Walten der Naturgesetze bekundet. Wenn wir um Wiederherstellung der Gesundheit beten, dann können wir uns auf die Gesetze der göttlichen Weltordnung berufen."

Bei dem nächsten Hindernis handelte es sich um etwas Allbekanntes: das Problem der funktionellen und organischen Erkrankungen. Viele glauben, daß das Gebet wohl bei funktionellen Störungen anwendbar sei, aber nicht bei organischen Veränderungen. Die Klärung dieser Frage wurde uns zum ernsten Gebetsanliegen. Eine unmittelbare Antwort schienen uns die Worte des berühmten Mediziners Virchow zu geben, dessen bedeutendste Forschungen auf das Ende des letzten Jahrhunderts zurückgehen. Immer wieder kam sein Ausspruch mir ins Gedächtnis: „Die Zellen, die wir in dem erkrankten Organismus finden, sind dieselben wie im gesunden Organismus, nur erscheinen sie uns äußerlich verändert."

Ein Pathologe, der ein Präparat durchs Mikroskop betrachtet, kann durch das äußere Bild der Zellen die krankhaften Veränderungen in ihnen feststellen und dadurch bestimmte Krankheitstypen erkennen. Es ist nicht so, als ob eine fremde Zelle eine gesunde verdrängt hätte, sondern es ist dieselbe, nur in ihrer Erscheinung veränderte Zelle des gesunden Organismus. Anderseits besteht eine funktionelle Störung einfach in der Unfähigkeit einer Zelle, ihre Arbeit zu leisten. Zunächst ist die Störung nur in einem Teil vorhanden; allmählich verändert sich die Zelle selbst, und das nennen wir dann eine organische Veränderung. Stellen wir uns einen Augenblick vor, daß wir selbst eine einzelne Zelle im Organismus wären, und daß in den nächsten Monaten irgend etwas geschähe, das uns in eine naturwidrige Lage bringt, so daß wir uns von Problemen überfordert fühlten, überanstrengt, unterernährt und seelisch belastet. Zuerst würde die Arbeit darunter leiden: das wäre eine funktionelle Störung. Nach einem halben Jahr oder einem Jahr wäre unser Aussehen verändert, und zwar so sehr, daß unsere Bekannten uns kaum noch wiedererkennen. Und doch würde der Mensch als solcher derselbe geblieben sein! Und wenn unsere Lebensbedingungen sich wieder zum Besseren wenden, dann hätten wir auch alle Aussicht, unsern natürlichen Gesundheitszustand wiederzuerlangen.

Es ist schwierig, zwischen den Begriffen funktionell und organisch Grenzen zu ziehen. Daher beschlossen mein Mann und ich, uns gemeinsam damit zu beschäftigen, da wir verschieden weit vorgedrungen waren. Aber es wurde uns klar, daß wir, ohne unser Wissen, die Zellen unseres Organismus zu stark beanspruchten und sie durch unser mangelndes Verständnis schwer schädigten. Wenn durch unsere Worte oder den Einfluß unseres Denkens die Vorstellung entsteht, daß die Zellen schwach, kraftlos und leistungsunfähig sind, dann verlieren sie Lust und Mut. Wie würde man auf immer wiederholte Suggestionen dieser Art reagieren? Durch Kräftiger- oder Schwächerwerden? Durch Gesundheit oder Krankheit? Würde solch dauernde Selbstkritik eine frohe, unbeschwerte Stimmung hervorrufen und uns befähigen, unsere Arbeit freudig und erfolgreich zu tun?

Es handelt sich ja in Gesundheit oder Krankheit um dieselbe Zelle, die nur in ihrer Funktion oder Erscheinungsform verändert ist. Daher glaube ich, daß sie auf ganz normale und natürliche Weise gesundet, wenn sie mit einer richtigen geistigen Diät ernährt wird.

Ein berühmter kanadischer Chemiker, Albert E. Cliffe, hat in seinem Buch "Lessons in Living" (Ratschläge für das praktische Leben) über „geistige Diät" Folgendes gesagt: „Seit etwa zehn Jahren nehmen wir es mit unserer Ernährungsweise ernst. Unsere führenden Zeitschriften und Tagesblätter bringen viele von Fachleuten geschriebene Aufsätze über Ernährungsfragen; meistens wird uns geraten, nicht das zu essen, was uns schmeckt, sondern das, was uns heilsam ist. Aus allen Ecken schallt uns das Wort ‚Vitamin' entgegen; zugleich werden wir vor den Schrecknissen gewarnt, denen wir uns aussetzen, wenn wir es zu leicht damit nehmen.

„Als Nahrungsmittelchemiker weiß ich, daß alles, was ich täglich zu mir nehme, sich in die verschiedenen Bestandteile meines Organismus umwandelt; mit andern Worten: mein körperliches Wohlbefinden ist dauernd abhängig von der Art meiner Nahrung. Und doch hat man vor einigen Jahren festgestellt, daß trotz einer in unsern Augen vollkommen richtigen Ernährung viele Menschen an Leiden erkrankten, die nach den Grundsätzen einer sachgemäßen Ernährung niemals hätten vorkommen dürfen.

„Das brachte mich darauf, tiefer nach den geistigen Voraussetzungen zu forschen. Dabei erkannte ich, daß die Nahrung, die ich täglich und stündlich meinem Geist zukommen lasse, weit wichtiger ist als die Nahrung für meinen Körper. Denken wir an Jesu Ausspruch: ‚Darum sollt ihr nicht sorgen und sagen: was werden wir essen? was werden wir trinken?' Durch die praktische Anwendung seiner Worte kam ich zur Einsicht, daß die Magengeschwüre, die mich seit siebenundzwanzig Jahren gequält hatten, nur in mir selbst ihre Ursache hatten. Nachdem ich mir einmal klar darüber geworden war, daß meine geistigen Vitamine die wahre Quelle der Gesundheit oder Krankheit sind, wurde ich so gesund, froh und lebenstüchtig, wie ich es nur wünschen konnte."

Dann kam das ganz große Hindernis, das die Menschheit in Furcht und Schrecken hält – Krebs. Unser Gedanke war: alles andere läßt sich wohl durch das Gebet erreichen, nur dies nicht. Und doch wußten wir intuitiv, daß wir nicht zur geistigen Heilweise übergehen durften, ehe wir nicht die felsenfeste Sicherheit hätten, daß es auch hier keine Schranken gibt, die nicht durch göttliche Heilkraft überwunden werden können.

Wir hatten so viele Krebskranke gesehen; daher erschien uns dies Hindernis fast unüberwindlich. Was wir brauchten, war ein unbedingt gültiger Beweis. Wir beteten darum: „Vater, zeige uns einen ganz unzweideutigen Fall, den niemand wegerklären kann, der in Bezug auf alle äußeren Anzeichen keine Zweifel zuläßt und für jeden sichtbar ist. Führe uns einen sogenannten unheilbaren Fall zu und schenke uns die Erfahrung einer sofortigen, vollkommenen Heilung, die allein durch das Gebet ermöglicht wurde."

Die Antwort darauf war die Heilung unserer Freundin Alice Newton aus Leavenworth in Kansas. Wenige Wochen nach jenem Gebet kam sie zu uns nach St. Louis. Sie kannte mich aus der Zeit meiner Praxis in Kansas City. Ihre ersten Worte waren: „Ich komme, weil ich Vertrauen zu euch habe und weiß, daß ihr etwas besitzt, das mehr helfen kann als die gewöhnlichen Mittel. Ich bin in großer Not. Sagt mir die Wahrheit." Schon beim ersten Anblick hatte uns ihr Aussehen erschreckt. Ihr Leib war stärker angeschwollen als der einer hochschwangeren Frau. Sie zeigte die gefürchteten Verfallserscheinungen, und ihr abgezehrter Körper war kaum fähig, die schwere Last zu tragen. Sie fragte uns: „Glaubt ihr, daß ich einzig und allein durch Gebet geheilt werden kann?" Für einen Augenblick verließ mich der Mut. „Nun kommt es", dachte ich. „Wir haben's gewollt, wir haben darum gebetet."

Mein Bewußtsein war bereit zu glauben; aber mein Unterbewußtsein sprach: „Hilf meinem Unglauben!" Dann hörte ich mich selbst sagen: „Ja, Alice, ich glaube es. Aber ich möchte es selbst sehen. Ich muß es *sehen*." „Gut", sagte sie. „Ich will es tun, für euch und meinen Mann. Zu Hause will ich mir einen bestimmten Tagesplan machen, nach dem ich mich richte. Jetzt habe ich den festen Glauben, daß unser Gebet Antwort finden und der Herr mich heilen wird."

So fuhr sie heim, gab alle außerhäuslichen Verpflichtungen auf, tat nur ein bißchen Hausarbeit, ruhte, ging spazieren, las in der Bibel, sang Choräle und betete.

Jeden Tag führte sie dies durch. Oft schrieb sie uns, und in keinem ihrer Briefe war von irgendeinem Versagen die Rede. Voller Vertrauen wartete sie auf den Augenblick ihrer Heilung. Ich kann nicht sagen, wie sehr dies unsern Glauben stärkte. Der unerschütterliche Glaube eines Menschen trägt wie nichts anderes dazu bei, die Gewißheit der in unser Leben hereinwirkenden Gotteskräfte fest zu unterbauen. Wir wissen nie, welche Beweiskraft unser eigenes Leben für den Glauben unseres Nächsten gehabt hat.

Unter Alices Freunden war ein prächtiger Arzt, der oft zu ihr kam, nicht als Arzt, sondern als Freund. Auf Grund seines medizinischen Wissens bestand er darauf, daß er sie punktieren dürfe. Sonderbarerweise schien hier die Beziehung zwischen Arzt und Patient sich umgekehrt zu haben. Denn sie war es, die zu ihm sagte: „Machen Sie sich keine Sorgen um mich, Doktor." Oft tröstete und ermutigte sie ihn, aber er verließ sie jedesmal traurig und ungläubig. Eine so starke innere Gewißheit und Überzeugung wie die ihre wird nicht leicht errungen: es ist ein hoher Preis dafür zu zahlen. Länger als zwei Jahre hatte sie ihr Ziel ständig vor Augen. Endlich geschah eines Nachts das Wunder, ohne daß vorher irgend etwas darauf hingedeutet hätte.

Ihr Mann, Beamter am Gefängnis in Leavenworth, hatte gerade Dienst von Mitternacht bis zum frühen Morgen. Kurz nachdem er fortgegangen war, zog sich Alice zurück und ging zu Bett wie immer. Als sie eingeschlafen war, sah sie in einer Vision die schlafenden Jünger, während Jesus den Berg herunterkam nach seinem einsamen Wachen im Gebet. Sein Antlitz war voll Trauer, als er auf die Schlafenden blickte; dann sah er zu ihr herüber und lächelte ihr zu. Sogleich änderte sich der Schauplatz. Es war der Tag der Kreuzigung. Das Kreuz wurde eingerammt in das dafür gegrabene Erdloch; der Leib des Herrn war schon daran genagelt. Zerrissenen Herzens bei dem Gedanken, wie diese Stöße ihm wehtun mußten, schrie sie auf: „O mein Jesus!" Mit der Hand versuchte sie hinaufzulangen, um ihn zu halten und seine Schmerzen zu mildern. In diesem Augenblick fiel ihr die Hand auf ihren Leib, und sie erwachte.

Als sie das Licht andrehte, sah sie, daß es drei Uhr war. Erst dann bemerkte sie, daß ihr Leib ganz flach geworden war. Die riesige Geschwulst war fort! Sie tastete das Bett ab, ob nicht irgendwelche Feuchtigkeit zu finden war; aber alles war trocken. Sie hatte keine Schmerzen. Ihre Seele war voller Jubel, sie wußte – ein Wunder war geschehen. Dann drehte sie das Licht aus und wartete.

An jenem Morgen kam ihr Mann ziemlich früh zurück. Irgendwie hatte er das Gefühl, daß inzwischen etwas geschehen sei. Als er hörte, was sich ereignet hatte, war er tief erregt; um ihn zu beruhigen, bat sie ihn, zu ihrem Freund, dem Arzt, zu gehen, ihm aber noch nichts zu erzählen. Als er ins Zimmer trat, sagte sie lächelnd zu ihm: „Lieber Doktor, ich sagte Ihnen, daß Gott für mich sorgen würde. Sehen Sie nun, was er an mir getan hat."

Einen Augenblick war der Arzt sprachlos. Erregte kurze und knappe Fragen folgten. „Was ist geschehen? Was ist abgegangen? Wasser? Blut? Haben Sie einen heftigen Schweißausbruch gehabt? Was ist los gewesen?" Der Wahrheit gemäß antwortete sie: „Gar nichts." Schließlich hörte er auf mit Fragen, denn ihre Antworten waren immer die gleichen: „Nichts ist geschehen – nichts ist abgegangen." Endlich sagte er leise: „Gott allein konnte ein solches Wunder vollbringen."

Nun hatten wir die Antwort auf unser Gebet. Hier war ein schwerer Fall von Krebs, von dem niemand behaupten konnte, daß es sich um etwas andres handle, und der nicht wegzuerklären war. Auf unfaßbare Weise war plötzlich die Heilung eingetreten. Wie konnte eine so enorme Geschwulst binnen drei Stunden völlig verschwinden? Dies war das Wunder. Ich hatte etwas erleben wollen, das ich mir nicht erklären konnte. Gott hatte mein Gebet erhört.

Später kam Alice nach St. Louis und fragte, ob ich sie untersuchen wolle. Das tat ich und fand dabei jedes Organ frisch und unverbraucht, als ob sie niemals krank gewesen wäre. Sie lebt noch heute. Es folgte noch ein seltsames Nachspiel. Seit zwölf Jahren hat die Leavenworther Zeitung und der „Kansas City Star" in jedem Januar, wenn sich der Tag ihrer Heilung jährte, dieses wunderbaren Ereignisses gedacht.*)

---

*) Anm. des Übers. – In ihrem späteren Buch „Unser Ziel" (erschienen 1956) schreibt Rebecca Beard ausführlicher über Heilung bösartiger Gewächse durch geistige Kräfte. Sie kommt darin zurück auf den hier geschilderten Fall. Bei Alice Newton hatte die Diagnose des Arztes auf Leberkrebs gelautet; aber es lagen keine klinischen Berichte oder Laboratoriumsuntersuchungen vor. So fehlte hier für den Außenstehenden die volle Beweiskraft, die R. B. für spätere Heilungen geltend machen konnte. (A. a. O. S. 99 ff.)

3. Sprich mit deinen Zellen!

Wir sind Zellen im Leibe Christi; alle gemeinsam sind wir innig verbunden zu einem Organ Christi. Ebenso ist jede winzige Zelle unseres Körpers ein Einzelwesen, das sein eigenes Leben lebt. Jedes kleinste Stück Protoplasma hat sein besonderes, von allen andern getrenntes Dasein, das sich aber, dank der instinktiven Intelligenz, die den Gesamtorganismus regelt, vollkommen in das Ganze einfügt.

Die Zellen eines bestimmten Organs haben ihre besonderen Erscheinungsformen, so daß der Physiologe sofort weiß, ob er eine Knochenzelle, eine Drüsenzelle, eine Muskelzelle usw. vor sich unter dem Mikroskop hat. Er kann auch dann die Zellen unterscheiden, wenn ihre Form sich verändert hat. Nun sind diese Zellen von einer Menge Lymph-Flüssigkeit umgeben. Wenn das Blut mit seiner Fracht an Nahrung und Sauerstoff durch alle Blutgefäße gedrungen und bis ans Ende der letzten feinsten Verästelungen gelangt ist, wird die ganze Ladung in die Lymphe hineinversenkt.

Es ist gerade so, als ob jeder von uns auf einem Schiff auf weiter See lebte und von seinem Boot aus Nahrung, Aufbaustoffe, den lebensnotwendigen Sauerstoff und das für seine Arbeit nötige Rohmaterial aus dem Wasser herausfischte, um dann alle Schlacken und Abfälle in das Meer zurückzuschütten. In astronomischer Vergrößerung haben wir hier ein Bild der kleinen Zellen und ihres Lebens. Jede muß sich aus der Lymphe herausholen, was sie an Nahrung und Sauerstoff braucht, ebenso die Rohstoffe, die sie zu den besonderen Sekreten oder Produkten verarbeitet, die sie zu liefern hat. Wir staunen über die Intelligenz der Zellen. Wahrlich, der Psalmist hat recht, – wir sind „wunderbarlich gemacht"!

Die Zellen des Mittelohres wissen sich die Bestandteile für das Ohrenschmalz zu verschaffen. Die Zellen der Magenwände holen sich die Rohstoffe, aus denen sie Salzsäure herstellen. Die Drüsenzellen suchen sich aus demselben Lymphvorrat das Material heraus, aus dem sie die höchst wirksamen Hormone fabrizieren. Hier ist eine Intelligenz am Werk, aber eine primitive, keine vernünftige Intelligenz.

Zur Erleichterung des Verständnisses habe ich das, was in unserm Organismus vor sich geht, manchmal mit dem Leben in einem U-Boot verglichen. Unsere Zellen wären dann die Männer der U-Boot-Besatzung. Sie gehorchen blindlings jedem Befehl. Einzig und allein der Kommandant kann durch das Sehrohr die Außenwelt erblicken. Die Besatzung muß ihm alles, was er da oben sieht, aufs Wort glauben. Selber können die Leute nichts sehen; sie haben lediglich das auszuführen, was er ihnen sagt.

Ich selbst, mein denkendes Ich, bin der U-Boot-Kommandant für meinen Körper. Die Männer unten im U-Boot sind meine Zellen. Sie können nichts von der Außenwelt sehen, sondern müssen sich unbedingt auf das verlassen, was ich ihnen berichte. Ich allein kann durch das Sehrohr sehen. Eines Morgens blicke ich also, wie der U-Boot-Kommandant, hinaus in die Welt und berichte über alles, so wie ich es sehe. „Oben ist es ungemütlich – rauhe See – nebelig, stellenweise dicke Milchsuppe. Wir müssen unten bleiben in der verbrauchten Luft." Das würde bedeuten: „Nichts will klappen, ich sehe nicht weiter, – alles scheint sich gegen mich verschworen zu haben, – überall Hindernisse, – mit dem Leben ist nichts mehr los."

Wie wäre einem da wohl zumute, wenn man ein Mann der U-Boot-Besatzung wäre? Man würde den Kopf hängen lassen und sagen: „Wozu noch aufklaren und Reinschiff machen? Wozu noch auf Wache gehen?" Das hieße dann: „Wozu überhaupt noch kochen? Wozu noch arbeiten, wozu essen?" – Könnt ihr sehen, wie eure da unten arbeitenden Magenzellen nun voll Unlust die Verdauungsarbeit für euch tun? Wie oft macht ihr sie durch eure Worte mutlos. Ihr gebt ihnen eine Diät der Bedenklichkeit und Furcht und tadelt dann ihre unzulänglichen Leistungen. – Dann seht ihr eines schönen Tages wieder durch das Sehrohr und berichtet: „Oben ist herrliches Wetter – der Himmel ist blankgefegt. – Auftauchen! – Beide Maschinen große Fahrt voraus!" Alles atmet auf in der frischen Seebrise. Die Arbeit geht noch einmal so schnell. „Alle Mann an die Arbeit! Lieber Himmel, was haben wir alles zu tun! Wir müssen reinmachen, einen Haufen Geschirr abwaschen und allen Abfall, der sich angesammelt hat, beseitigen." – Wenn ihr morgen früh aufsteht, werdet ihr Sonne oder Nebel sehen? Werdet ihr euren Zellen etwas Frohes zurufen oder sie durch eure Furcht lähmen?

Dr. Binger meint: der Mensch beklage sich wohl über seinen Magen, aber in Wirklichkeit müßte sich der Magen über seinen Menschen beklagen. „Ich kann dies nicht essen und das nicht essen – das bekommt mir nicht – mein Magen ist so schwach – mein Vater hat schon einen schwachen Magen gehabt, mein Großvater auch." Wenn ihr mit euren Zellen sprecht, so denkt daran, daß sie keine denkende Intelligenz besitzen. Sie können euch nur Antwort geben durch ein Gefühl des Unbehagens, wenn sie zu mutlos sind, um ihre Arbeit zu tun. Sie sagen nicht zu euch: „Das ist ja gar nicht so." Denn sie haben ja nur eine ihnen angeborene, primitive Intelligenz. Sie nehmen euch beim Wort, und das Wort sprecht *ihr!*

Ach, könnten wir nur alle einmal den Geist der Verneinung auf Urlaub schicken; nur einen Tag alles, was in unserm Körper vorgeht, hoch anerkennen! Nur einen Tag lang unserm Körper ein Loblied singen! Allzulange hat man uns gelehrt, er sei nur eine elende Last, die wir mit uns herumzuschleppen haben, nicht der Tempel des lebendigen Gottes, das einzige Ausdrucksmittel, durch das Gott sprechen und sich uns vernehmbar machen kann. In unserm Fleische müssen wir Gott verherrlichen, so wurde es uns gesagt. „Ich werde in meinem Fleisch Gott sehen." Und wir könnten ihn da sehen! Unser Körper muß zum Thronsitz der Schönheit werden; wir müssen ihn läutern und veredeln, bis er zu dem höchstverfeinerten Organ wird, das Gott aus ihm machen wollte. Ohne ihn können wir uns nicht ausdrücken. Streben wir also danach, ihn immer mehr zu vervollkommnen. Das erreichen wir durch eine Umschaltung unserer Geisteshaltung vom Negativen zum Positiven.

Das alles ist nichts Neues. Neu ist nur, daß heute die Naturwissenschaft der Religion die Hand reicht, und daß die psychosomatische Medizin die Worte der Weisheit bestätigt, die die Bibel schon vor vielen hundert Jahren zu uns gesprochen hat.

Die psychosomatische Medizin liefert den Schlüssel, um uns das Wesen der Krankheit von einer ganz neuen Basis aus verständlich zu machen. Das Gesamtbild der körperlichen Leiden wandelt sich vor unsern Augen. Wir fassen die Krankheit nicht mehr auf als etwas von außen Kommendes, das sich unserer Kontrolle entzieht; eine Tücke des Schicksals oder des Teufels, gegen die wir machtlos sind. So dachte man früher. Heute finden wir wachsendes Verständnis dafür, daß unser Geschick sich von innen her gestaltet. Über Gesundheit oder Krankheit entscheidet das, was aus dem Herzen kommt, was wir im tiefsten Grunde unserer Seele wahrhaft glauben und fühlen.

Wo die Bibel das Wort „Herz" gebraucht, meint sie das, was wir heute das Unterbewußtsein nennen. Man wußte damals noch nichts vom Unterbewußtsein, aber man kannte das Herz. Norman Vincent Peale drückt das so aus: „Was ihr in eurem Herzen glaubt – d. h. in der Tiefe eures Unterbewußtseins –, ist bestimmend für das, was ihr tun könnt und was nicht. Wenn ihr euch also immer wieder vor Augen haltet, daß ihr mit Gottes Hilfe Hindernisse überwinden und das Leben meistern könnt, dann werden Wille und Vorstellungskraft zusammenwirken, und ihren vereinten Kräften gegenüber kann kein Versagen, kein scheinbarer Mißerfolg standhalten. Diese erstaunliche Kraft des positiven Denkens ist das wunderbarste Geheimnis des Lebens."

Den „Lügen-Detektor" des modernen amerikanischen Strafvollzugs könnte man recht eigentlich als das Instrument der psychosomatischen Medizin bezeichnen. Die kaltblütigsten Verbrecher und gerissensten Schwindler können vor einem solchen Apparat keine Unwahrheit sagen, ohne daß dieser eine Veränderung der Körperwärme, der Herztätigkeit und des Blutdrucks aufzeichnet. Im Mechanismus unseres Körpers wird eine unwillkürliche Reaktion ausgelöst, wenn die Harmonie verletzt, d. h. die innere Wahrheit verfälscht wird. Die körperlichen Veränderungen, die diese Disharmonie bewirkt, werden durch den Apparat registriert.

Durch die Entdeckung eines neuen Mittels, Ergotamin-Tartrat, hat uns die Wissenschaft kürzlich noch einen weiteren Beweis dafür geliefert, daß Gefühlserregungen unmittelbare Rückwirkungen auf den Körper haben. Periodisch wiederkehrende Migräneanfälle gehören zu jenen Leiden, die sich – wie man annimmt – von einer Generation zur nächsten vererben. Es handelt sich dabei um eine Art explosiver Kraft im Organismus, verursacht durch zurückgestaute Energie, die sich nicht auf normale Weise auswirken kann und sich sozusagen bis zum Explodieren ansammelt. Dabei entsteht ein starker Blutandrang im Kopf. Auch die Epilepsie ist mit dieser Art Leiden nah verwandt.

Seit langer Zeit wendet man Medikamente oder Beruhigungsmittel an, die die Empfindsamkeit der Nerven des Gehirns und Rückenmarks herabsetzen und dadurch die Schmerzen lindern. Aber bei Migräne haben diese Mittel niemals Erleichterung bringen können. Man suchte nach einem Mittel, das auf den Sympathikus wirkt, nicht auf die Gehirn- und Rückenmarksnerven, und fand Ergotamin-Tartrat.

Die Psychosomatiker bezeichnen den Sympathikus als den Nerven der Liebe und des Hasses. Ergotamin-Tartrat macht diesen Nerv unempfindlicher und bringt bei Migräneanfällen Linderung. Dauernde Befreiung von den Kopfschmerzen findet der Patient aber nur, wenn er sich zur Überwindung seiner Gefühlserregungen erzieht. Eifersüchtige und egoistische Liebe, starke Gereiztheit oder Widerwille gegen einen andern Menschen sind die negativen Gefühle, die verstanden und überwunden werden müssen; denn sie üben auf das sympathische Nervensystem einen ständigen Reiz aus. Es sammelt sich dann leicht zuviel Energie dort an, die, wenn sie nicht abgeleitet wird, in regelmäßig wiederkehrenden Zeiträumen sich gewaltsam Bahn bricht.

Der Bakteriologe und der Hygieniker haben die Kulturwelt fast ganz von der Geißel verheerender Seuchen befreit. Aber trotz aller hygienischen und sanitären Maßnahmen werden die Menschen immer wieder von körperlichen Leiden aller Art heimgesucht; daher müssen wir weiter nach den Ursachen der Störungen forschen. So führt uns unser Weg zur Untersuchung des Innenlebens der Menschen, ihres Denkens und Fühlens.

Wenn wir uns auf das Gebiet des menschlichen Gefühlslebens begeben, stoßen wir vor in ein noch unbekanntes Land. Die ganze Erde hat der Mensch entdeckt; er hat Berge erstiegen, Flüsse überquert, überallhin ist er gekommen, alles hat er erforscht. Heute steht er am Anfang einer neuen Ära der Entdeckungen auf einem fast noch jungfräulichen Boden. Es ist ihm aufgegeben, seine eigenen zerstörerischen Seelenkonflikte zu erforschen, vor denen ihn auch die geschicktesten Ärzte durch Sera, Antitoxine und andere Mittel nicht schützen können.

Bisher haben wir geglaubt, daß wir einer düsteren Stimmung oder einem Zornesausbruch ruhig einmal nachgeben dürfen. Das dürfen wir immer noch, nur haben wir jetzt erkannt, daß wir durch ein solches Gehenlassen lediglich uns selbst schaden. Ist es weise, den Gesetzen, die Gott uns gegeben hat, ungehorsam zu sein? Wenn wir ihnen nicht gehorchen, können wir nicht erwarten, ungeschoren davonzukommen. Nicht Gott straft uns, wenn es auch so aussehen mag, sondern wir strafen uns selber.

Also mußt du deiner Welt einen neuen Namen geben! Geh hinaus und finde für sie ein neues Vorbild und eine neue Benennung, denn dazu bist du ermächtigt. In der Bibel heißt es: „Als Gott der Herr gemacht hatte von der Erde allerlei Tiere auf dem Felde und allerlei Vögel unter dem Himmel, brachte er sie zu dem Menschen, daß er sähe, wie er sie nennte; denn wie der Mensch allerlei lebendige Tiere nennen würde, so sollten sie heißen." Sieh selbst, ob es wahr ist, daß du dir deine Welt gestaltest nach dem Namen, den du ihr gibst! Die herrlichste Gabe, die der Mensch von Gott empfangen konnte, war der freie Wille. Durch einen langen Werdeprozeß hat er sich im Laufe vieler Jahrhunderte bis zu einem Punkt hin entwickelt, an dem er nun fähig war, den Sinn des Weltalls zu begreifen und als sittliches

Wesen soweit zu gelangen, daß ihm die Herrschaft über alle Dinge anvertraut werden konnte.

Heute stehen wir an der Schwelle dieser Epoche, in der der Mensch seine Herrschaft antritt und sich dessen auch bewußt wird. Wenn wir scheinbar noch weit davon entfernt sind, so können wir doch in den höheren Regionen geistiger Bewußtheit schon etwas davon erkennen, welcher Art das Gottesreich sein wird, wenn sich der göttliche Wille einmal vom Himmel auf die Erde herabsenkt. Vom Himmel zur Erde – d. h. von der inneren Erkenntnis her die äußere Erdenwirklichkeit durchdringend. Wenn man aus diesem inneren Quell des Wissens alles in die äußere Gestaltung seines Lebens hineinfließen läßt, wird man den Himmel auf Erden haben: nicht nur Gesundheit und Seelenfrieden, sondern vollen Einklang in allen Dingen des Lebens. Denn alles strahlt dann nach außen in die Welt hinein, und die Welt macht sich das zu eigen, was das Innere widerspiegelt. Was ihr im Verborgenen denkt und fühlt, wird man laut von den Dächern rufen!

Sprich mit deinen Zellen, lobe und preise deinen Körper. Sag ihnen, daß du ihnen glaubst und vertraust und sie für vollkommen leistungsfähig hältst. Mancher wird hier einwenden: „Ich kann mich selbst doch nicht belügen. Ich kann doch nicht sagen, daß mein Magen gut arbeitet, wenn er's nicht tut!" Nein, eine Lüge sollst du nicht aussprechen; sie würde auch nicht von den Zellen aufgenommen. Aber du kannst deine Worte an einen Teil des Körpers richten, der gut funktioniert, und etwas herausfinden, das deine Organe leicht bewältigen, und sie dafür loben. Vielleicht glaubst du, daß dein Magen keine Butter verträgt. Nun, es läßt sich auch ohne Butter leben. Lobe deinen Magen, daß er Obst und Gemüse verträgt. Weil dir das so gut bekommt, versichere ihm, daß er auch Butter vertragen kann, sobald er sich der tyrannischen Herrschaft deiner negativen Behauptung entzieht.

Wollen wir nicht, statt unsern Körper zu schelten, lieber zu unsern Zellen sagen: Ich habe Vertrauen zu euch. Ich glaube, daß Gott euch die Fähigkeit gab, eure Arbeit zu leisten. Ich glaube, daß euch das mit Gottes Hilfe gelingt, und ich gelobe, euch dabei mitzuhelfen.

Dein Körper ist ein empfindsames Instrument, das jeden Gedanken, jedes Gefühl aufzeichnet. Geh behutsam mit ihm um. Achte einmal darauf, wie oft du etwas Herabsetzendes über ihn sagst. Es mag dich verstimmen, wenn du dich in deiner Bewegungsfreiheit behindert fühlst. Dann sagst du: o dieser alte Fuß, o das dumme Knie! usw. Damit beeinflußt du ihn dauernd im negativen Sinne, und er wird ebenso folgsam sein wie unter positiven Einwirkungen.

Rühme deinen Körper stets; klage ihn niemals an. Denke daran, daß wir dazu berufen sind, in unserm Fleische Gott zu sehen, auch in unserm Körper die Wahrheit zu schauen und zu wissen, daß all unsere Glieder eingeschrieben sind in das Buch des Lebens.

4. Das unerforschte Land der Seele

Das Seelenleben der Menschen ist heute noch weithin unerforschtes Land. Nur wenige Wegweiser sind da, um uns die Richtung zu zeigen; einer davon ist die psychosomatische Medizin. Sie sagt uns, daß man seinen negativen Gefühlen auf die Dauer nicht freien Lauf lassen könne, ohne daß der Körper Schaden leidet. Unsere Einstellung der Krankheit gegenüber hat sich einfach darin geändert: bisher glaubten wir, daß Krankheiten äußeren Einflüssen zuzuschreiben seien; heute beginnen wir zu erkennen, daß wir die Ursachen in uns selber zu suchen haben. Oft sind wir selbst daran schuld, wenn wir uns belastet und unglücklich fühlen. Selbst Unfälle können seelische Gründe haben, – wie wir wissen, gibt es manchmal ein Unglück, wenn wir innerlich erregt sind. Dann gehorchen uns unsere Muskeln nicht; wir machen einen falschen Tritt, oder unsere Hand versagt uns den Dienst.

Wenn wir früher durch Krankheit zu kurzer Untätigkeit gezwungen waren, ohne allzuviel dabei zu leiden, fanden wir Trost in dem herzlichen Mitgefühl, das jeder uns zeigte. Unsere Freunde und Verwandten dachten an uns; wir erhielten Blumen und Briefe, – allerdings nur, wenn die Krankheit nicht zu lange dauerte. Zog sie sich über Monate hin, dann verlor sie jeden Reiz; denn die Freunde vergaßen uns manchmal, und die Verwandten blieben aus. Immerhin hatte eine kleine Operation und ein kurzer Aufenthalt im Krankenhaus etwas für sich. Man spricht gern über solche Erfahrungen. Heute aber, wenn dich jemand besucht und du von deinen Schmerzen und Beschwerden anfängst, besteht die Gefahr, daß man dich mit jenem neuen „psychosomatischen Blick" ansieht und fragt: „Was hast du denn eigentlich mit dir gemacht?" – Bewußt oder unbewußt haben wir früher unseren negativen Gefühlen nachgegeben. Wochen-

und monatelang bemitleideten wir uns selbst; manche grollten dem Schicksal jahrelang. Man ließ auch oft seinem heftigen Temperament die Zügel schießen und entschuldigte sich damit, daß man es von seinem Vater oder Großvater geerbt habe. Ein Satz wie dieser: „Ich kann nichts dafür, ich bin einmal so" – ist uns allen vertraut: als ob die Reizbarkeit uns zugleich mit den alten Möbeln vermacht worden wäre! Es bestand keine besondere Veranlassung, sich seiner Temperamentsausbrüche zu schämen, jedenfalls nicht genügend, um energisch dagegen anzugehen. Manchmal brachte uns der Einfluß einer weisen oder tief religiösen Persönlichkeit zu der Einsicht, daß wir über solche Schwächen Herr werden können. Ein wirklich religiöser Mensch weiß aus der Bibel, daß all diese Dinge nicht von Gott kommen, und daß eine Vererbung solcher Art keine zwangsläufige ist. Jesus hat uns gelehrt, nichts, was uns unser irdischer Vater als Erbe hinterließ, einfach hinzunehmen. Nur die Vollkommenheit unseres himmlischen Vaters sollen wir als unser Erbteil beanspruchen.

Unser Organismus ist ein hochempfindliches Instrument; er arbeitet viel präziser als der vollkommenste Präzisionsapparat. Auf alles, was wir ihm sagen, auf jede Art der Behandlung antwortet er gemäß den Anweisungen, die er durch das Unterbewußtsein empfängt. Das Unterbewußtsein nenne ich gern den „stellvertretenden Direktor" in unserm Organismus, denn ihm überlassen wir die meisten Funktionen des Körpers. Es wäre schrecklich störend, wenn wir vielbeschäftigten Menschen uns auch noch damit aufhalten müßten, die Verdauung jedes kleinsten Bissens, seine Verteilung innerhalb des Organismus und seine Aufnahme in die Zellen selbst vorzunehmen. Mit all diesen Dingen beauftragen wir unser Unterbewußtsein. Herztätigkeit, Blutkreislauf, Ausscheidung der Schlacken: alles wird mit jener vollkommenen Genauigkeit und Ordnung durchgeführt, die zu den Wundern des Lebens gehört. Dieser Vorgang ist ebenso wunderbar wie die Ordnung, die wir in der Chemie oder Physik finden. Die Gesetze des Universums arbeiten so genau, daß niemals eine Abweichung davon vorkommt. Im Anfang unseres Chemie-Studiums lernten wir das Gesetz des periodischen Systems kennen. Wenn die Derivate des Rohöls erst einmal registriert worden waren, so wußten wir, daß die weitere Reihe vollkommen feststand: wir konnten das Verhältnis von Kohlen- und Sauerstoff in Beziehung zum Wasserstoff an der richtigen Stelle einsetzen, auch ohne die durch die Formel dargestellte besondere Substanz zu kennen. Jene Formel hatte für uns ihre bestimmte Stelle, weil wir wußten, daß wir in dieser Reihe keine Lücke lassen durften; wir wußten auch, daß wir später irgendwann einmal diese besondere Substanz finden würden und sie dann der Formel genau entspräche. Durch das Studium der Naturwissenschaft ist uns also ein unerschütterlicher Glaube an die hinter allem stehende unwandelbare Ordnung und unbedingte Verläßlichkeit der Naturgesetze eingepflanzt worden.

Das Wort „Natur" kommt in der Bibel niemals in dem Sinne vor, in dem wir es heute gebrauchen. Wir Heutigen denken bei diesem Wort an jene unbedingte Verläßlichkeit der Naturgesetze. Die Bibel nennt diese Kraft „Gott", nicht „Natur"; aber wir wissen, daß beide Begriffe identisch sind. Wir wissen, daß Gott die Natur ist – aber noch viel mehr. Der Chirurg sagt: „Ich will diesen Schaden entfernen und das Gewebe wieder zusammennähen. Die Natur wird das übrige tun." Oder: „Ich will die Knochenteile aneinanderfügen; die Heilung vollbringt dann die Natur." Oder: „Ich will operieren, in ein paar Tagen wird die Wunde heilen." Er sagt nicht: „Ich werde sie heilen", denn er weiß, daß in unserm Organismus eine Kraft wirksam ist, die die Heilung vollbringt. Er sagt auch: „Gott wird die Heilung bewirken." Der Arzt ist der Mitarbeiter Gottes, insofern er der Heilung den Weg bereitet. Denn ist nicht eine Operation schon ein kleines Wunder?

Die Spannungen, unter denen wir in der heutigen Zeit leben, bringen bei vielen Menschen auch eine Spannung und Überanstrengung der Muskeln mit sich. Dauert dieser Zustand an, dann kommt es zu Störungen im Blutkreislauf, so daß Entzündungen infolge von Blutüberfüllung heute die häufigste Krankheitserscheinung sind.

Wir haben eine lange Liste von Krankheitsbezeichnungen, von denen jede auf „itis" endet. Für den gewöhnlichen Laienverstand bilden diese Namen eine ganze Reihe von schrecklichen Leiden; sie haben jedoch alle einen gemeinsamen Nenner. Jede von ihnen ist ein Ergebnis des gleichen Vorgangs im Körper. Appendicitis, Arthritis, Colitis, Gastritis, Neuritis, Peritonitis, Tonsilitis*), das sind uns allen vertraute Namen. Die Symptome sind verschieden, je nach dem Gewebe, das betroffen ist; aber die Ursache ist die gleiche, ebenso die Veränderungen der jeweils befallenen Teile.

Wir können den Blutandrang, der eine Störung im Organismus hervorruft, mit einer Verkehrsstockung im Stadtzentrum vergleichen. Wenn der Verkehrsstrom sich an irgendeinem Punkt aufstaut, fahren die Wagen einer nach dem andern dicht hintereinander auf, bis die Straße verstopft ist und niemand mehr weiterkommt. Wenn diese Überfüllung bis zur nächsten Straßenkreuzung geht, so dehnt sich die Stockung auch auf die Querstraße aus. Genau so bringt eine Teilstörung im Körper auch andere Teile ins Stocken.

Alle negativen Gefühle führen leicht zu Spannungen. Das Ergebnis ist Überanstrengung; diese hat ihrerseits neue Spannungen im Gefolge, und der Teufelskreis ist geschlossen. Unter Spannung verstehen wir ein Zusammenziehen der Muskeln und Gewebsfasern. Diese Straffung des Gewebes hindert das Blut am freien Weiterströmen. Wie die Autos auf der Straße stauen sich die Blutzellen auf, und bald haben wir an dieser Stelle eine Kongestion. Nach kurzer Zeit folgt eine Entzündung; ihre Hauptkennzeichen sind Schwellungen, erhöhte Temperatur oder Fieber, Überempfindlichkeit, klopfender Puls und schließlich, durch den vermehrten Druck auf die Nervenenden, auch Schmerzen. Diese Stelle ist dann nicht nur überempfindlich gegen Berührung, sondern schmerzt bei jeder Inanspruchnahme oder Bewegung.

Kehren wir zurück zu unserm Bilde. Wenn die Ursache der Verkehrsstockung beseitigt ist, können die Autos weiter-

---

*) Zu deutsch: Blinddarmentzündung, Gelenkentzündung, Darmentzündung, Magenentzündung, Nervenentzündung, Bauchfellentzündung, Mandelentzündung.

fahren, und die Straße ist bald wieder frei. Und wenn die gefühlsbedingte Spannung in unserm Körper behoben ist, kann das Blut wieder ungehindert fließen, und bald sind alle Symptome der Blutüberfüllung verschwunden. Sobald die Spannung nicht mehr da ist, sind wir auch von dem Blutandrang befreit.

Bei solcher plötzlich auftretenden Blutüberfüllung wirkt die Kraft des Gebetes ebenso rasch und unmittelbar wie irgendein äußeres Mittel. Daraus erklärt es sich, daß eine akute Entzündung der geistigen Heilweise gewöhnlich schneller weicht als ein chronischer Zustand, da sich bei diesem das Krankheitsbild schon viel tiefer eingeprägt hat.

Ein Freund, der Lungenentzündung hatte, war, als die Krise eintrat, noch nicht völlig überzeugt davon, daß er allein durch das Gebet Hilfe fände. Er sehnte sich sehr danach, aber daß ihm auf so einfache Weise geholfen werden könnte, wollte ihm nicht einleuchten. Er meinte: „Wenn man euch hört, scheint alles so leicht. Wenn es wirklich so leicht wäre, warum greift nicht jeder danach?" Ich gab zu, daß es sehr einfach klinge, vielleicht aber doch nicht ganz so einfach sei.

Dabei kam mir ein Bild in den Sinn. Ein kräftiger Mann steht im Kreis seiner Freunde; er bittet einen nach dem andern, sich vor ihn hinzustellen und sich nach rückwärts in seine Arme fallen zu lassen, indem er ihnen versichert, daß er sie nicht fallen lassen werde. Einfach? Ja, und doch brächte es wahrscheinlich keiner von ihnen das erstemal fertig. Ehe er antwortete, dachte der Kranke einen Augenblick nach. Trotz seines elenden Zustandes lachte er dann über das ganze Gesicht und sagte: „Nun, es käme hier wohl darauf an, wer einen auffängt, nicht wahr?" In dieser kurzen Frage hatte er bereits die Antwort. Es kommt wirklich alles darauf an, wer einen auffängt; es kommt auf unser unbedingtes Glauben und Vertrauen an, daß dieser *Eine* uns nicht fallen läßt. Wenn wir sicher wissen, daß unter uns die ewigen Arme sind, die nie versagen, dann können wir uns einfach fallen lassen, so wie der geübte Schwimmer ins Wasser springt, in der festen Gewißheit, daß es ihn tragen wird.

Als wir eine Stunde später zurückkehrten, kam uns seine Frau an der Tür entgegen mit der Jacke seines Schlafanzuges in der Hand. „Ich möchte gern, daß Sie dies anfühlen", sagte sie. Die Jacke war triefend naß vom Schweiß. „Eben habe ich ihm trockne Wäsche angezogen und sein Bett neu bezogen; jetzt schläft er wie ein kleines Kind." Das Fieber war weg, die Krise überwunden. Obgleich dieser junge Mensch keinen tieferen Glauben besaß, wußte er, wer es war, der ihn auffing. Ganz instinktiv fühlte er, daß es eine höhere Macht gibt, die auch ihn mit ihrer liebenden Sorge umfaßte. Vertrauensvoll ließ er sich fallen, und die Natur tat das übrige.

Wir wollen gar nicht leugnen, daß auch die Bakterien in das Bild hineingehören, glauben aber doch, daß sie erst in zweiter Linie kommen.

Ehe die Bakterien Gelegenheit haben, ihr Werk zu tun, muß eine Veränderung im Körper selbst stattgefunden haben. „Arme habt ihr allezeit bei euch" – und Bakterien auch. Warum werden sie nur unter ganz bestimmten Umständen als Krankheitserreger wirksam? Weil sie ja ihre Arbeit erst beginnen können, wenn die Widerstandskraft der Zellen herabgemindert ist. Infolge eines Blutandrangs ist diesen die Nahrungszufuhr teilweise abgeschnitten, ebenso die Sauerstoffversorgung. Dadurch verringert sich ihre Abwehrkraft, und die Bakterien finden einen günstigen Nährboden. Zu dem Blutandrang kommt dann noch eine Infektion hinzu. Nachdem die Spannung sich gelöst und die Blutstauung sich verteilt hat, erhalten die Zellen ihre normale Widerstandskraft zurück, und die Bakterien werden machtlos.

Ein mir befreundeter Arzt meinte, das alles sei wohl möglich bei einer Infektion durch Pneumokokken oder Streptokokken, aber es treffe doch bestimmt nicht zu auf die Spirochäte, den Erreger der Syphilis. „Warum nicht?" erwiderte ich. „Sie wollen doch nicht etwa sagen, daß ich einen stärkeren Glauben an die Macht einer Spirochäte hätte als an die Macht Gottes?"

In unserer Zeit beginnt eine neue Einstellung Krankheiten und Unfällen gegenüber sich durchzusetzen. Der Standpunkt der materialistischen Wissenschaft kam in dem Schlagwort zum Ausdruck: „Zufälliges Zusammentreffen unsichtbarer Atome." Heute ist uns das Wort „zufällig" etwas zweifelhaft geworden.

Wir erkennen mehr und mehr, daß wir nicht die hilflosen Opfer eines Einbruchs von Kräften sind, die außerhalb von uns liegen, sondern viel eher die Opfer unserer Unwissenheit inbezug auf unsere inneren Kräfte. Wir haben uns bisher immer nur mit der Welt außerhalb unseres Ich beschäftigt. In Zukunft müssen wir uns genauere Kenntnisse verschaffen von dem, was in uns selbst vorgeht. Der Schatten jener negativen Gemütserregungen hat über unserm bisherigen Leben gestanden; müssen wir nun noch Jahre damit verlieren, um zu der Überzeugung zu gelangen, daß wir den Gefühlen des Zorns, der Furcht und der Unversöhnlichkeit nicht länger so nachgeben dürfen wie früher? Wir sind keine Kinder mehr, aber wir haben noch nicht voll erfaßt, wie sich diese Gemütserregungen auswirken, oder wie wir sie meistern können.

Du sagst vielleicht: „Von jeher habe ich diesen leidigen Hang zur Reizbarkeit und Unversöhnlichkeit gehabt. Wenn jemand mich schlecht behandelt, dann muß ich ihn auch wieder schlecht behandeln. Wie soll ich dies Gefühl überwinden?" Du meinst, das liege in deiner Natur? aber es ist nicht die Natur, die Gott dir gegeben hat. Es ist nur die Vorstellung, die du von dir selber hast. Solch festgefahrene Vorstellungen beherrschen uns viel tyrannischer, als wir zugeben wollen. Manche nehmen an, daß für Jesus diese Art Vorstellungen die „Dämonen" waren, denen er befahl, aus den Menschen auszufahren und sie für immer zu verlassen. Er trieb sie aus durch die göttliche Liebe.

Die geistige Heilweise soll uns ja gerade da helfen. Die Psychosomatik kann uns wohl darüber aufklären, wie unsere Gemütserregungen auf uns wirken; sie kann uns aber nicht helfen, ihrer Herr zu werden. Dazu brauchen wir die Religion, die uns hier von jeher den Weg gewiesen hat. Wenn du etwas gegen deinen Bruder hast, sagt uns die Bergpredigt, geh nicht zum Altar in der Hoffnung, daß dein Gebet zu

Gott dringen wird. Du mußt erst in deiner Seele alle Haß- und Rachegefühle überwunden haben: dann ist der Weg frei; und wenn du nun dein Herz zu Gott erhebst, kann die göttliche Liebe dich erreichen, – eher nicht. Nur du weißt, wie es sich wirklich verhält; du gibst deinen Zellen die Befehle. Bewußt oder unbewußt gibst du ihnen die Weisung, genau so wie der U-Boot-Kommandant das, was er durch das Sehrohr sieht, an die Besatzung weitergibt.

Bei chronischen Leiden erlebst du manchmal eine kurze Besserung und dann vielleicht wieder eine Verschlimmerung. Wenn eines deiner Organe wirklich geschädigt wäre, würde dann ein solches Auf und Ab überhaupt möglich sein? Siehst du nicht, daß es nur möglich ist, weil aus irgendeinem Grunde die Welt heller aussieht und die Zellen für kurze Zeit wie neu belebt sind? Nur wenn das Leiden so zur Gewohnheit geworden ist, daß den Zellen keine lebendige Elastizität mehr innewohnt, haben wir es mit jenen traurigen chronischen Krankheitszuständen zu tun, die so schwer zu beheben sind. Bei solchen Zuständen suchen wir Hilfe im Gebet, weil wir wissen, daß wir hier eine Kraft anrufen, die weit größer ist als Menschenkraft. Menschliche Macht kann hier selten mehr helfen.

Wenn wir es mit funktionellen oder organischen Störungen zu tun haben, bei denen die Furcht die Zellen gelähmt hat, dann müssen wir eine große neue Hoffnung bringen – eine wirkliche „frohe Botschaft". Diese frohe Botschaft und diese neue Hoffnung – ist es nicht die, daß wir überall umgeben sind vom Leben Gottes? Es wartet nur darauf, daß es uns erfüllen kann, daß wir uns ihm öffnen und uns frei machen von den negativen Gedanken und Gefühlen, die uns knechten. Dann sehen wir, wenn wir um uns blicken, wie die Eisberge und die Nebel verschwinden; wir erkennen, daß alles in der Welt in Ordnung ist. Nie wieder erhält die U-Boot-Besatzung dann eine negative Botschaft; die Zellen unseres Körpers haben sich nie wieder unter negativen Einwirkungen abzumühen, sondern können froh und erfolgreich ihre Arbeit tun.

Dr. Alexis Carrel hat vor Jahren schon nachgewiesen, daß das lebende Protoplasma eine unendlich lange Lebensdauer hat, wenn man ihm angemessene Lebensbedingungen gibt. Er bewies das, indem er die Herzen von Hühnern am Leben erhielt. Mit Hilfe von Charles Lindbergh, der ein mechanisches Herz erfand, um den Zellen ununterbrochen Nahrung und Sauerstoff zuzuführen, ist dies Protoplasma noch heute lebendig. Hat dieser Versuch nicht auch uns etwas zu sagen? Liegt nicht hier ein Vorwurf für uns? Wenn es sich so verhält, dann könnten doch auch wir immer weiterleben. Und warum nicht? Ich weiß nicht, ob man solch ein nie endendes Leben begrüßen sollte. Aber davon abgesehen ist es mir doch ganz klar, daß wir einen Gewinn davon hätten, wenn wir unser Leben in Schönheit und Vollkommenheit und strahlender Gesundheit leben könnten. Es ist ein Glück, niemals krank zu sein. Wir leiden nur, wenn wir etwas aus dem Leiden lernen sollen. Sind wir ungehorsam gewesen, dann haben wir wohl eine Weile dafür zu büßen, bis wir unsere Lektion gelernt haben. Dann aber wird Gott das von uns nehmen, was er uns zu diesem Zweck geschickt hatte. Wenn wir lernen und hören und gehorchen, werden wir nicht mehr leiden müssen.

Ich will damit nicht sagen, daß wir dann niemals mehr krank sein würden, und daß wir nicht immer wieder eine Mahnung nötig hätten. Aber solche Mahnungen sind höchst wertvoll, wenn sie uns dazu führen, zu Gott zu beten: „Ach, Herr, was habe ich getan oder unterlassen? Führe Du mich und gib mir Klarheit." Wenn wir mit allem Ernst und Freimut so fragen, bereit, alles zu tun oder aufzugeben, was zum Lernen unserer Lektion gehört, dann werden wir befreit und geheilt. In der Finsternis seiner Unwissenheit rang Jakob mit dem Engel des Herrn um eine Antwort, und als der Morgen dämmerte, wurde er aufgehoben in das Licht einer höheren Erkenntnis, – das Licht, das unsere Finsternis erleuchtet. Der Engel verließ ihn, und nun war seine Seele frei.

Wie soll man wissen, ob es richtig ist, für einen Schwerkranken zu beten? Wie soll man wissen, welche Frist ihm noch gegeben, ob nicht seine Zeit abgelaufen ist?

Es war Ruth Robison, die diese Frage stellte, und sie gab darauf eine Antwort, wie ich sie mir nicht schöner denken kann. „Ich maße mir nicht an, etwas darüber zu wissen, wann mir oder dir das Ziel gesetzt ist. Eins aber weiß ich gewiß: daß man nicht als Kranker zu sterben braucht. Man kann auch als Gesunder sterben."

Was sie sagte, ist für mich die Wahrheit, und ich glaube, daß gerade hier die Aufgabe der kommenden Jahrhunderte für die Menschheit liegt. Wir dürfen allerdings nicht mehr viel Zeit damit verlieren, unseren negativen Gefühlen, wie Furcht, Unversöhnlichkeit und Habgier, weiter nachzugeben. Wenn wir uns von den ewigen Wahrheiten unseres Meisters leiten lassen, dann werden wir den nächsten Schritt vorwärts tun können, indem wir lernen, die Herrschaft über unsere Affekte und damit auch über unsern Körper zu erringen. Krankheiten, körperliche Schwächen und Beschwerden werden dann immer seltener vorkommen, und was uns Jesus über das Himmelreich gelehrt hat, kann mehr und mehr zur Wirklichkeit werden.

Die Mystiker haben das von jeher erkannt, die Heiligen nicht alle; denn sie haben manchmal Leiden auf sich genommen in der Überzeugung, daß das Leiden etwas Notwendiges sei. Ganz gewiß wirkt es oft läuternd auf uns. Aber eine wieviel größere Vollkommenheit könnten wir erreichen, wenn unser Organismus sich in völliger Harmonie befände!

Wir können heute nicht länger an einen strafenden Gott glauben, der Unglück über seine Kinder bringt; einen Gott, der etwas erschaffen könnte, das seinem Wesen völlig entgegengesetzt ist; einen Gott, der uns aus dem Garten Eden austreibt. Wir glauben nicht mehr an einen menschenähnlichen Gott, der uns wie Schachfiguren hin- und herschiebt. Nach unserer heutigen Vorstellung ist er eine unendliche Kraft, die das ganze Weltall mit Leben, Licht und Weisheit erfüllt. Es ist nicht so leicht, sich eine unendliche geistige Kraft vorzustellen, die uns zugleich als Person ganz nahe ist.

Das ist der große Schritt vorwärts, den die Menschheit jetzt tun muß. Wir leben in einer Zeit des Übergangs, in einem Zustand der Umwälzungen und der Lebensunsicherheit. Denn wir suchen uns zu einer Gottesvorstellung zu erheben, die den Begriff einer abstrakten, unendlichen Energie zu vereinen trachtet mit dem Glauben an die unmittelbare Nähe eines Gottes, den wir „Unser Vater" nennen können.

Unser Denken hat sich unter dem Einfluß der Naturwissenschaft gewandelt. Ebensowenig wie wir uns vorstellen können, daß die Elektrizität uns absichtlich bestraft, können wir das heute von Gott glauben. Gott ist das unendlich Gute, denn es heißt von ihm: „Deine Augen sind rein, daß du Übels nicht sehen magst." Jesus hat uns volle Klarheit darüber gegeben, daß Gott ganz Güte, ganz Liebe, ganz Weisheit, ganz Licht ist. Wo liegt dann die Ursache dafür, daß Not und Unglück über uns kommen? In unserer Unkenntnis der Naturgesetze. Unwissenheit wird uns nicht vor Schaden bewahren, wenn wir das freiliegende Ende eines Hochspannungsdrahtes berühren; ebensowenig wird sie uns vor der Vertreibung aus dem Paradies schützen können. Wir schließen uns selbst aus dem Garten Eden aus. Wir essen von der verbotenen Frucht, die wir nicht berühren sollten; wir personifizieren das Böse und verleihen ihm damit Gewalt. Sobald wir in den Garten Eden zurückkehren wollen, um nur die Früchte vom Baum des Lebens zu essen, steht uns der Weg wieder offen.

Ganz gleich, ob unser wissenschaftliches Denken auf materialistischer oder idealistischer Grundlage beruht, ob wir Naturwissenschaftler oder Mystiker sind, – die Unwandelbarkeit und Verläßlichkeit der göttlichen Gesetze bildet für uns alle die gemeinsame Basis. Diese Gesetze können wir nicht durchbrechen. Wir gehorchen ihnen nicht. Wir müssen sie erkennen, und wir müssen lernen, ihnen zu gehorchen, denn wenn wir das nicht tun, haben wir es zu büßen. In uns allein liegt die Ursache unserer Leiden. Wenn wir die göttlichen Gesetze erkennen und danach leben, sind wir frei. Das ist die Wahrheit, um deretwillen Jesus unter uns geweilt hat; die Wahrheit, die er durch Taten bezeugte und für die er sein Leben ließ.

5. Psychosomatische Medizin

Eine Frau kam in die Apotheke und verlangte eine Flasche psychosomatische Medizin.

Der Ausdruck ist irreführend. Die psychosomatische Methode zur Heilung körperlicher Leiden gehört zwar dem medizinischen Gebiet an und ist daraus hervorgegangen, man kann sie jedoch nicht auf Flaschen ziehen!

Es handelt sich hier um ein neugeprägtes zusammengesetztes Wort, das das Verhältnis zwischen Seele und Körper ausdrückt. „Psyche" leitet sich von dem alten Mythos der lieblichen Psyche her, die in dem stillen Gewässer des Teiches ihr Spiegelbild erblickte; „Soma" bedeutet Körper; „psychosomatisch" also die geistig-seelische Einwirkung auf den physischen Organismus und seine Funktionen.

Vor mehreren Jahren führte Frau Dr. Flanders Dunbar eine Gruppe von Forschern durch eines der großen Krankenhäuser, um den Kranken bestimmte Fragen zu stellen. Es handelte sich darum, einige der Gemütserregungen zu entdecken, die sich bei gewissen chronischen Erkrankungen, wie hoher Blutdruck, Zuckerkrankheit und Arthritis, als gemeinsame Ursache feststellen lassen. Sie forschten nach dem gleichen Nenner im Gefühlsleben derjenigen Patienten, die das nämliche Krankheitsbild aufwiesen. Um zu brauchbaren Ergebnissen zu kommen, mußten sie eine größere Anzahl von Kranken befragen. Zur Kontrolle der bei den chronisch Kranken gefundenen Ergebnisse wollten sie ihre Untersuchungen auch auf eine entsprechende Anzahl seelisch normaler Fälle ausdehnen. Daher besuchten sie auch die Unfallstation, in der ganz natürlichen Voraussetzung, daß diese Kranken die Opfer äußerer Umstände gewesen seien, über die sie selbst keine Gewalt gehabt hatten; man vermutete bei ihnen keine ausgesprochenen Gefühlskonflikte. Überraschenderweise fand man aber auch bei den Patienten der Unfallstation die Anzeichen innerer Schwankungen. Es schien wirklich so, als ob selbst Unfälle nicht ohne weiteres vorkämen und man auch hinter ihnen Gefühlsmomente suchen müsse. Wenn man aufgeregt ist, versagt das Zusammenspiel der Muskeln, und es gibt leicht einen Unfall.

Häufig werden wir in der Zeitung ermahnt, nach einem Ärger mit der Köchin oder einem Streit mit der Schwiegermutter uns nicht ans Steuer unseres Wagens zu setzen und lieber so lange zu warten, bis die Nerven sich wieder beruhigt haben. Unternimm nichts, solange Ärger, Groll oder Zorn noch in dir stecken! Zuerst finde dein inneres Gleichgewicht wieder, dann handle!

Eines Morgens wollte eine Achtzigjährige, die noch Erstaunliches leisten konnte, mit andern zusammen eine Bergbesteigung unternehmen. Als einige sie davon zurückhalten wollten, antwortete sie: „Solange ihr Angst um mich habt, will ich es lieber lassen. Wenn ihr aber alle überzeugt seid, daß ich es ganz bestimmt kann und dieselbe Freude daran habe wie ihr, dann will ich mitkommen." Die Ängstlichen wurden zurechtgewiesen; also ging sie mit und schaffte es besser als mancher der Wandergefährten. Sie wußte, es wäre unklug gewesen, wenn sie mitgegangen wäre, solange die andern noch um sie besorgt waren.

Die Psychosomatik stellt den jüngsten bedeutenden Fortschritt auf medizinischem Gebiet dar und ist zugleich die Brücke, die uns in das Gebiet der nicht-medizinischen Heilweise hinüberführt. Wir haben hier die auf wissenschaftlichem und insbesondere auf medizinischem Wege errungene Erkenntnis, daß die Krankheitsursachen an anderer Stelle zu suchen sind als wir früher glaubten.

Diese Erkenntnis wird naturgemäß nicht allgemein und nicht für jeden Einzelfall bereitwillig angenommen, sondern nur mit vielen Vorbehalten. Nicht allen Laien wird diese neue Einstellung der Krankheit gegenüber ohne weiteres einleuchten. Aber lassen wir uns nicht beirren, wenn sie nicht gleich hundertprozentig mitgehen. Wir müssen uns nach ihrem augenblicklichen Erkenntnisstand richten, dort einsetzen und niemals etwas verurteilen, wozu sie noch Vertrauen haben.

Hüten wir uns davor, irgendeinen Glauben, wo immer wir ihn finden, zu zerstören. Vielmehr sollten wir jeden Glauben achten und anerkennen und ihn dann von der augenblicklichen Stufe auf eine höhere zu erheben suchen. Wenn z. B. Patienten nach Merrybrook, unserm Vermonter Erholungsheim, kommen, fragen sie uns manchmal, wie lange sie noch ihre Schlaftabletten oder das vom Arzt verschriebene Medikament gegen Magensäure nehmen sollen.

Unsere Antwort ist dann ähnlich der klassischen Erwiderung, die George Fox William Penn gab. George Fox war der Begründer der Gesellschaft der Freunde, und der junge William Penn schloß sich ihm an. Penns Vorfahren waren seit Generationen Offiziere gewesen, und Penn war daher stolz auf seinen Degen. Aber er war von Fox tief beeinflußt und wußte, daß dieser Jesu Wort: „Wer das Schwert nimmt, wird durch das Schwert umkommen" ganz wörtlich nahm. Das machte Penn zu schaffen. Nachdem er sich zu der neuen Bewegung bekannt hatte, fragte er Fox eines Tages: „Wie lange soll ich meinen Degen noch tragen?" Fox antwortete: „Trage ihn, solange du es kannst."

Das ist auch unsere Antwort, wenn wir von einem Patienten gefragt werden, wie lange er noch seine Medikamente nehmen soll: „Nehmen Sie sie, solange Sie daran glauben." Man gebe sie niemals auf in der Absicht, nun auch ohne sie auskommen zu wollen. Denn dann hat man bereits vor dem Start das Rennen verloren. Es liegt schon in der Fragestellung, daß man doch noch an die Heilkraft der Medikamente glaubt, oder daß man zweifelt, ob man auch ohne sie gesunden könne. Statt einen solchen Versuch zu machen, stelle man sich vielmehr vor, daß es eine Macht gibt, die mehr als äußere Mittel helfen kann, und an die wir uns immer wenden dürfen. Diese Macht steht hinter allen vermittelnden Kräften und verleiht diesen ihre Wirkungsfähigkeit. Wendet man sich ihr im Glauben zu, dann wird man erfahren, daß man auch ohne äußere Hilfe auskommen kann.

In seinem Buch „Der Arzt und sein Patient" spricht Dr. Carl Binger über „Splitter in der Seele". Er meint, daß mehr Menschen krank seien, weil sie unglücklich sind, als umgekehrt. Die Medizin kann uns leider gegen unsere zerstörenden Gefühlskonflikte nicht immun machen. Aber wir kommen immer mehr zur Einsicht, daß Krankheiten und Leiden uns nicht von außen auferlegt werden. Es handelt sich nicht um Heimsuchungen des Schicksals, des Zufalls, des Teufels, auch nicht um Strafen, außer in dem Sinne, daß wir uns selbst bestrafen durch unsere Unwissenheit und Unbeherrschtheit, unsere Launen und unsern Ungehorsam.

In unserer Seele liegen die Ursachen der Krankheiten ebenso wie die Kräfte zu ihrer Überwindung. Wenn wir das erkannt haben, nehmen wir nicht länger an, daß sich irgendetwas in unsern Körperzellen festgesetzt hat, das durch Medikamente oder operativ beseitigt werden müsse. Denn es ist nichts von außen Kommendes, nichts Unentrinnbares. Vielmehr hat sich in uns selbst etwas geändert, und wir müssen nun den Grund finden, warum sich in den Einklang der körperlichen Funktionen ein Mißklang eingeschlichen hat. Die psychosomatische Forschung hilft uns, den Schlüssel dazu zu finden. Nebenbei bemerkt wird durch sie die Beurteilung des Gesamtkomplexes der körperlichen Krankheiten und geistigen Störungen für die medizinische Wissenschaft allmählich umgewandelt.

Aber das Problem der Beherrschung unserer Affekte ist durch die psychosomatischen Entdeckungen nicht restlos lösbar. Wir machen den Leser mit diesen Entdeckungen bekannt, weil sie sehr aufschlußreich sind. Aber sie reichen bei weitem nicht an das heran, was der Glaube uns an vorwärtstreibenden Kräften zu geben vermag.

Diese Schilderungen der psychosomatischen Forschungsergebnisse sollen auch niemand veranlassen, sie nun alle auf sich selbst zu beziehen. Vor allem wende man sie nicht ohne weiteres auf seine Umgebung an! Man mache sich diese Vorstellungen zu eigen und behalte sie im Sinne, wenn man für andere arbeitet und betet. Vielleicht ist es jedoch ratsamer, die andern ihre eigener Entdeckungen machen zu lassen.

Es wird nicht immer mit Begeisterung aufgenommen, wenn persönliche Schwierigkeiten durch einen Freund seziert werden. Will man andern einen bestimmten Punkt erläutern, dann ist es manchmal besser, man empfiehlt ihnen einen Aufsatz oder ein Buch, worin das besprochen wird, was man ihnen gern sagen möchte. Durch eignes Forschen nach der Wahrheit wahren wir nicht nur unser Gesicht, sondern es gibt uns auch die Befriedigung, selbst etwas geleistet zu haben.

Daß Magengeschwüre meist seelische Ursachen haben, wird heute von den Ärzten allgemein anerkannt. Man hat sie als die „blutigen Striemen der Zivilisation" bezeichnet. Die Mayo-Klinik gab an, daß von 15 000 Patienten mit Magengeschwüren 80% keinerlei körperliche Veranlagung dafür aufwiesen. Das bedeutet, daß von zehn Patienten acht an seelischen Störungen litten; denn unter zehn Fällen befanden sich nur zwei, in denen die Vorbedingungen im Organismus selbst gegeben waren.

Typisch für diese Kranken ist es, daß sie meist zwischen zwanzig und vierzig, gewöhnlich groß und schlank, sehnig, aktiv, intelligent und ehrgeizig sind. Sie sind streitlustig und unabhängig, verbergen ihre Gefühle und sind stolz auf ihre Selbstbeherrschung. Aber es heißt noch nicht ein Gefühl überwunden haben, wenn man nach außen hin nichts davon zeigt. Man kann nicht unentwegt auf einem kochenden Teekessel sitzen! Bei den meisten Fällen von Magengeschwüren waren Ernährungsschwierigkeiten im Kindesalter und im ersten Lebensjahr häufige Koliken festzustellen. Die Kranken glauben, von der Mutter einen schwachen oder überempfindlichen Magen oder von väterlicher Seite zuviel Magensäure geerbt zu haben. Diese Schwächen betrachten sie als unvermeidliche Erbübel. Wenn es Männer sind, hängen sie gewöhnlich sehr an ihrer Mutter. In ihrer Furcht, immer ein Muttersöhnchen zu bleiben, streben sie danach, besonders verantwortungsvolle Posten zu übernehmen. So erwecken sie manchmal den Eindruck von Strebern und Stellenjägern. Ihr Ehrgeiz und ihre Betriebsamkeit sind vielleicht nur ein Deckmantel für die Angst vor ihrem Abhängigkeitstrieb. Von einem dieser Kranken heißt es: „Immer in höchster Fahrt; der Mutter sehr nahestehend." Dieser Mann kam nicht gut mit seiner Frau aus. In solchen Fällen gibt es leicht Reibungen, wenn die Frau in ihrem Wesen nicht der Mutter sehr ähnlich ist und sie bis zu einem gewissen Grade ersetzt. Bei dem hier geschilderten Patienten wandte man Beschäftigungstherapie an. Er hatte Tischlerarbeit zu machen, begnügte sich aber nicht wie die andern mit der Anfertigung eines Tisches. Außer dem Tisch fertigte er noch vier Stühle an und schließlich kritisierte er noch den Lehrmeister wegen seiner Arbeitsorganisation! Streitlustig, aber in guter Absicht.

Dr. Harald Wolff von der Cornell-Universität konnte einige sehr aufschlußreiche Beobachtungen machen. Er hatte einen Patienten, Tom, der sich im Alter von neun Jahren durch kochend heiße Suppe innerlich verbrüht hatte. An der Speiseröhre trug er so schwere Brandwunden davon, daß die Narben jede Nahrungsaufnahme verhinderten. Durch einen künstlichen Magenausgang konnte die Nahrung aufgenommen werden, nachdem er sie gut zerkaut hatte. Dr. Wolff stellte nun die Auswirkungen der verschiedenen Affekte auf die Magenwände fest. Wenn Tom verärgert, widerspenstig oder verdrießlich war, füllten sich die Magenwände mit Blut und wurden so feuerrot wie Toms Gesicht, wenn er zornig war. War er aber voll Sorge, Angst oder Trübsinn, so wurden auch die Magenwände weiß wie sein Gesicht.

Gefühlserregungen haben eine Ausweitung der Arterien zur Folge; dem Gewebe wird dann mehr Blut zugeführt. Anderseits ziehen sich bei niederdrückenden Empfindungen die Blutgefäße zusammen, so daß weniger Blut in die Gewebe einströmt. Diese Veränderungen der Farbe können wir im Gesicht beobachten, aber bisher wußten wir noch nicht, daß sie auch in den Schleimhäuten der inneren Organe stattfinden, und wie sie sich auf die Funktionen des betreffenden Organs auswirken. Wir haben Redensarten wie: „Mir ist ganz elend davon", oder: „Die Kehle war mir wie zugeschnürt" – die einen Zusammenhang zwischen den gefühlsmäßigen Reaktionen und den Verdauungsvorgängen bezeichnen. Manche können kein Blut sehen, ohne daß ihnen schwach wird oder sie sich übergeben müssen. Anderen steigt das Blut zu Kopf, wenn sie verlegen sind. Diese Reaktionen können wir alle leicht feststellen; aber Dr. Wolffs Beobachtungen schildern uns nun die gleichen Rückwirkungen auf die inneren Organe.

Wir wiesen schon darauf hin, daß die Zellen unseres Körpers eine Intelligenz haben, die durchaus feststellbar, aber nicht denkend ist. Wenn daher infolge unserer Erregung einem bestimmten Organ mehr Blut zugeführt wird, dann verwenden die Zellen diese vermehrte Zufuhr zur Herstellung des besonderen Sekrets, das sie zu liefern haben. Sind die Magenwände mit Blut überfüllt, so wird zu viel Magensaft abgesondert, der u. a. Salzsäure enthält. Denken wir bei diesem Vorgang an eine Gruppe von Arbeitern in einer Schuhfabrik. Aus dem Rohmaterial, das sie erhalten, stellen sie Schuhe her. Sie wissen nicht, wieviele Schuhe gebraucht werden; solange man ihnen das Leder liefert, geht die Produktion einfach weiter. Ebenso stellen die Zellen immer mehr Salzsäure her, je mehr Blut ihnen unter dem Anreiz eines starken Affektes zugeleitet wird. Über den Bedarf an Salzsäure hinaus, der zur Eiweißverdauung nötig ist, sondern sie freie Salzsäure ab, durch die die Magenschleimhaut gereizt wird. Das Ergebnis ist ein Magengeschwür.

Irgend jemand hat den Magen den „Resonanzboden der Affekte" genannt. Auch andauernde krampfartige Nervenanspannung und Furcht beeinträchtigen unsere Verdauung. In diesem Falle wird den Magenwänden nicht genügend Blut zugeführt. Dann können die Drüsenzellen auch nicht genug Magensaft absondern, um die Eiweißnahrung abzubauen, und sie bleibt unverdaut im Magen liegen. Es kommt zu Gärungen und schließlich zu einem durch Unterfunktion entstandenen Magengeschwür. So sehen wir, wie zwei entgegengesetzte Ursachen die gleichen unerfreulichen Folgen haben können. Es ist statistisch festgestellt, daß während der

Zeit des „Blitz"*) der Durchbruch von Magengeschwüren sich in England um 50% vermehrte, weil Furcht und Angst die Menschen in äußerster Spannung hielt. Der Durchbruch eines Magengeschwürs durch die Magenwand ist für beide oben geschilderte Typen eine ernste Sache.

Dr. Walter Alvarez an der Mayo-Klinik ist bekannt geworden durch die Art, wie er die durch übermäßige Säureabsonderung entstandenen Magengeschwüre behandelt. Hat er einen leicht erregbaren Patienten vor sich, so gibt er ihm Vorschriften darüber, wie die freie Salzsäure im Magen gebunden werden kann, so daß kein Magengeschwür entsteht. Ist der Kranke abends sehr aufgeregt, so empfiehlt er ihm, um drei Uhr morgens aufzustehen und eine kräftige eiweißhaltige Mahlzeit zu sich zu nehmen – Beafsteak, Bauernkäse, Nüsse und dergleichen. Dadurch wird die überschüssige Salzsäure, die durch die Gemütserregung abgesondert wurde, wieder aufgebraucht.

Klingt es nicht wie Ironie, daß ein intelligenter Mensch durch seine Zornesausbrüche zu solchen Mitteln greifen muß? Wäre es nicht an der Zeit, daß wir uns über den innigen Zusammenhang zwischen unseren Affekten und unserm Organismus klar werden? Wir müssen unsere Unbelehrbarkeit teuer bezählen!

---

*) Englische Bezeichnung für die Zeit der deutschen Luftangriffe im letzten Weltkriege; Anm. d. Übers.

6. Lösung unserer Affekte

In den letzten Jahren ist das Wort „Allergie" bei uns aufgekommen. Als allergisch bezeichnet man eine Überempfindlichkeit gegen gewisse Arten von Staub, Blütenstaub oder ungenügend verdaute Nahrung. Aber auf welche Weise wird die Haut oder die Schleimhaut so empfindlich, daß es zu einer Behinderung der Verdauung kommt? Man kann nach Colorado fahren, um dem Kreuzkrautsamen zu entgehen, auf Kapokkissen schlafen, um keinen Federnstaub einzuatmen, seinen Liebling, den Papagei, verkaufen – aber die Überempfindlichkeit selbst bleibt.

In der Ernährung meidet man alles, was die Schleimhäute reizen könnte; aber auf die Dauer wird dadurch nichts gebessert, nur vorübergehende Linderung erzielt. Wie kann das Leiden wirklich geheilt werden?

Den ersten Fingerzeig erhielten wir durch Beobachtung von Kindern mit Allergie-Erscheinungen. Dr. Hyman Miller und seine Assistentin machten Versuche an allergischen Kindern. Sie fanden, daß die nicht-allergischen frei heraussagten, was sie fühlten, und ihren Eltern unbefangen auch ihr Mißfallen zu verstehen gaben. Die andern, die ihre Gefühle nicht zum Ausdruck bringen konnten, hatten Asthma, Heufieber, Ekzeme und andere Hautreizungen. Dr. Miller sagt von ihnen: „Wie in die Enge gedrängte kleine Tiere erwiderten sie eine Lieblosigkeit der Mutter mit Furcht und Haß, wie alle andern Kinder auch; aber sie waren nicht fähig, ihre feindseligen Gefühle offen zu zeigen." Sie waren anders als das kleine Mädchen, das von der Mutter ausgescholten und in einen Schrank gesteckt wurde, bis es wieder artig wäre. Es war so lange ganz still im Schrank, daß die Mutter es mit der Angst bekam und die Tür öffnete.

„Was hast du eigentlich gemacht?" fragte sie die vorlaute, kleine Vierjährige. „Na", antwortete diese schnippisch und trotzig, „ich habe auf dein neues Kleid und deinen neuen Mantel gespuckt, und ich wartete, daß ich wieder genug Spucke hätte, um auf deinen neuen Hut zu spucken."

Nun, dies Kind würde niemals Nesselausschlag bekommen! Sie konnte ihren Gefühlen Luft machen. Die allergischen Kinder dagegen, die infolge besonderer Lebenserfahrungen kein Ventil für ihre Erregung haben, unterdrücken ihre Gereiztheit, die schließlich in einer Gereiztheit der Haut oder Schleimhaut nach außen hin sichtbar wird.

Einmal erzählte uns eine Mutter, wie sie mithalf, ihre Kinder vor ernsteren Krankheiten zu bewahren. Wenn die geringste körperliche Unstimmigkeit sich bei einem von ihnen zeigte, erhöhte Temperatur, Erkältung oder irgendeine Magenstörung, dann gab sie alles andere auf, sagte alle gesellschaftlichen Verpflichtungen ab und war nur für das Kind da. Nicht immer legte sie ihm die Hände auf, steckte es auch nicht immer ins Bett; aber sie blieb den ganzen Tag über in seiner nächsten Nähe und ließ es ihre Liebe fühlen. Sie gab ihm wohl auch Spielzeug, um im Bett oder auf dem Fußboden damit zu spielen; das Wichtigste war aber ihre Gegenwart, die das Kind in jedem Augenblick ihrer liebevollen Teilnahme gewiß sein ließ.

Dadurch gab sie den Kindern das Gefühl der Geborgenheit, das wir in der Gebetsgruppe anstreben, wenn wir denen, die unserer Hilfe bedürfen, die Gewißheit der beständigen und nie versagenden Gottesliebe zu geben versuchen. Wir alle sind ja kleine Kinder, auch wenn wir groß geworden sind. Wir brauchen die immerwährende unerschütterliche Überzeugung, daß es eine allumfassende Macht gibt, die sich aller Dinge annimmt, für alles sorgt und jedem einzelnen von uns stets nahe ist. Jene Mutter versuchte, ihren Kindern das Gefühl ihrer beständigen Liebe zu geben, und sie erwiderten diese dadurch, daß sie sehr bald wieder gesund wurden.

Frau Dr. Flanders Dunbar spricht von einer „Gedankenansteckung", die wohl keiner leugnen kann, der einmal im

Gefängnis oder im Krankenhaus gearbeitet hat, vor allem in der Irrenabteilung.

„Gedankenansteckung" – das ist die Antwort auf eine Frage, die sicherlich bei vielen meiner Leser schon aufgetaucht ist: „Wie verhält es sich bei kleinen Kindern oder Säuglingen? Wie kommen sie zu Krankheiten, da sie selber keine negativen Gedanken haben können?" Dr. Dunbar meint: „Das kleinste Kind ist empfänglicher für eine Ansteckung durch Furcht, Zorn oder Widerwillen als durch Masern. Die Folgen", fügt sie hinzu, „zeigen sich in den kleinen Dingen des Alltags, lange ehe sie sich zu etwas Unheilvollerem auswachsen." Sie gibt uns aber zugleich die Versicherung: „Auf die gleiche Weise kann das Kind durch Liebe, Vertrauen und Anerkennung angesteckt werden."

Wird ein Kind in seinem ersten Lebensjahr durch heftige Gemütserregungen in seiner Umgebung erschüttert, die womöglich noch von leidenschaftlichen Taten begleitet sind, so verheilen die Narben vielleicht während seines ganzen Lebens nicht. Das Kind braucht gar nicht einmal im Zimmer zu sein und den Streit oder die Handgreiflichkeiten unmittelbar mitzuerleben: allein durch die Atmosphäre fängt es alle Schwingungen mit auf. Kinder sind dafür in höherem oder geringerem Grade empfindlich; wie es ja auch manche Erwachsene gibt, die ein feineres Empfinden für seelische Schwingungen haben als andere und bereits beim Betreten eines Zimmers spüren, ob dort Einklang, Frieden und Liebe herrschen oder Mißklang, Streit und Hader.

Schon vor Jahren, lange ehe dies niedergeschrieben wurde, riet mir meine Mutter, wie ich Säuglinge mit schwerer Darmkolik behandeln solle. Diese Koliken, meinte sie, kämen durch Streit und Zank im Hause. „Nimm das Baby aus der Familie fort, dann werden die Koliken aufhören", sagte sie. „Bringst du es wieder zurück nach Haus, dann kommen sie wieder. Manchmal hilft es, wenn man einen andern Menschen entfernen kann; aber man weiß nicht immer, welchen. Daher bring den Säugling weg!"

Das führt uns zu den Versuchen, die Dr. Liddell an Schafen vorgenommen hat. Er hielt die Schafe in einem Laboratorium, wo sie es gut hatten. Das einzige störende Element war das Geräusch eines ununterbrochen tickenden Metronoms. In unserer Jugend haben wir ja – wißt ihr es noch? – mit einem Metronom Klavier geübt. Dr. Liddell ließ das Metronom in einem regelmäßigen Rhythmus von 50 Schwingungen in der Minute schlagen, nur zur Fütterungszeit erhöhte er die Zahl auf 120. Sehr schnell lernten die Schafe, daß es Fütterungszeit war, wenn die Schwingungszahl sich erhöhte. Ohne das Futter zu wittern oder jemand kommen zu hören oder das Klappern der Eimer oder sonst ein Geräusch zu vernehmen, gingen sie an ihre Futterkästen und hoben den Deckel an. Diesen Rhythmus behielt der Versuchsleiter bei, bis er den Schafen zur festen Gewohnheit geworden war. Dann erhöhte er die gewohnte Schwingungszahl von 50 auf 80 und schließlich auf hundert. Die armen Tiere wurden völlig verwirrt; denn zwischen den 100 Schlägen in der Minute und den 120, die für sie das Zeichen zur Fütterung gewesen waren, konnten sie nicht mehr unterscheiden. So gingen sie an die Futterkästen, fanden dort nichts und wurden so verstört, daß sie sehr bald in eine Nervenkrise fielen, die wir bei Menschen als Nervenzusammenbruch bezeichnen würden. Ihr Puls war beschleunigt und unregelmäßig, auch andere körperliche Funktionen gerieten in Unordnung. Schließlich verweigerten sie die Nahrung. Sie waren mürrisch, stritten und zankten sich und fanden nachts, wenn sie sich niederlegten, keine Ruhe mehr. Ob sie wohl, wenn sie nicht schlafen konnten, Schafe zählten, die über eine Hürde springen?

Als Dr. Liddell sie wieder mit andern Schafen auf die Weide ließ, erholten sie sich allmählich: aber manche brauchten dazu ein Jahr und länger. Und selbst dann hing die Erholung davon ab, daß nichts den friedlichen Rhythmus ihres Lebens störte. Brachte man sie aber ins Laboratorium und zu dem tickenden Metronom zurück, fingen sie an zu zittern und bekamen Herzklopfen. Offenbar kamen ihnen dann all die alten Quälereien wieder ins Gedächtnis. Bei manchen Schafen war dazu nicht einmal der Schlag des Metronoms nötig; die Witterung und die Atmosphäre des

Laboratoriums genügten, um alle alten Symptome wieder aufleben zu lassen.

Frau Dr. Dunbar bemerkt dazu: „Wenn man etwa glaubt, Säuglinge seien unempfindlicher als Schafe, so irrt man sich sehr!" Darum ist es wichtig, einen regelmäßigen Lebensrhythmus für das Kind einzuhalten.

Regelmäßigkeit und Zeiteinteilung sind dringend notwendig. Für uns alle, die wir Kinder Gottes sind, ist es deshalb nötig, uns einen festen Lebensrhythmus zu schaffen und beizubehalten. Jeden Morgen müssen wir eine bestimmte Zeit für Gott bereit halten, um den Grundton in uns zum Schwingen zu bringen, der uns den Rhythmus für den ganzen Tag gibt. Dann werden wir nicht verwirrt, ratlos, ängstlich, aufgeregt oder unsicher sein, sondern heiter, gelassen und sicher.

Ein Major las von Dr. Liddells Experimenten mit den Schafen. Als es ihm klar wurde, daß sich an diesen Schafen die gleichen nervösen Erscheinungen zeigten wie bei ihm, rief er aus: „Es soll mich doch der oder jener holen, wenn ich auch noch ein Schaf würde!" Zur Bekräftigung dieses Ausspruchs wurde er in wenigen Tagen gesund.

Kürzlich hörten wir vom Schicksal eines Mannes, das jenes Experiment vollkommen bestätigt. Seit Jahren leidet er an Asthma. Er erzählte uns, daß er einen Geschäftspartner habe, mit dem er eng befreundet gewesen sei. Aber dieser erlag der Versuchung und betrog ihn um eine größere Summe. Das schmerzte ihn tief, und er fand es sehr schwer, ihm zu vergeben. Das Asthma war der körperliche Ausdruck seines Grams. Wie er uns mitteilte, hatte er lange Zeit hindurch nicht das Vaterunser beten können. Er hatte zu seiner Frau gesagt: „Ehe ich diesem Manne wirklich vergeben kann, werde ich auch nicht das Vaterunser beten, weil es darin doch heißt: Vergib uns unsere Schuld, wie wir vergeben unsern Schuldigern. Und ich kann ihm noch nicht vergeben." Nach Monaten glaubte er endlich so weit zu sein, das Vaterunser nun wieder sprechen zu können; aber sein Organismus hatte den normalen Lebensrhythmus noch nicht wiedergefunden, und er wurde das Asthma nicht los. Und das war das

Bemerkenswerte dabei: in seinem Bewußtsein hatte er dem Manne vergeben, aber sein Unterbewußtsein konnte weder vergeben noch vergessen. Er erzählte uns, daß er in New York oder Washington oder irgendeiner andern Stadt Kunstausstellungen besuchte, Vorträge hörte und solange unterwegs sein konnte, wie er wollte, ohne eine Spur von Asthma zu haben; stieg er aber in seiner Heimatstadt aus dem Zug, konnte er nicht in sein Haus kommen, ohne sich vorher auf den Stufen niederzulassen und Adrenalin zu nehmen, nur um Luft zu bekommen. Die Erinnerung an das Erlittene stieg aus dem Unterbewußtsein wieder auf, sobald er in die gewohnte Umgebung zurückkehrte, und sein Körper reagierte mit Asthma.

Was können wir tun, um unser Unterbewußtsein zu befreien und unsere Affekte zu entkrampfen? Mit dieser Frage müssen wir fast alle ringen. Wie sollen wir die tieferen Schichten unseres Erinnerungslebens aufhellen und die Narben alter Wunden, alter Hemmungen und Enttäuschungen ausmerzen, damit nichts mehr davon übrig bleibt?

Bei Anwendung der Hypnose hat man die interessante Beobachtung gemacht, daß es nicht möglich ist, dem Unterbewußtsein eines Menschen einzuflüstern: Du willst nicht rauchen – Du willst nicht trinken – Du hast keine Freude am Alkohol. – Das Unterbewußtsein läßt sich nicht darauf ein, weil es überhaupt keine negativen Suggestionen oder Befehle annimmt. Es hört gar nicht, wenn man es auffordert zum *Nicht*-tun, *Nicht*-können oder *Nicht*-wollen. Es hört nur die Worte, die sich auf ein Handeln beziehen: Trinke, rauche, trinke, rauche! Und ihnen gehorcht es.

Schon instinktiv wissen viele von uns aus Erfahrung, daß die verneinende Methode sehr vorsichtig anzuwenden ist. Diese Methode kann in bestimmten Fällen wirksam sein, aber eine Gewohnheit kann man nicht dadurch brechen, daß man dem Unterbewußtsein einzuflüstern versucht: dies oder jenes willst du *nicht*. Eine positive Suggestion ist weit wirksamer. Jesus traf hier immer das Rechte. Wenn wir seinem

Vorbild nur besser folgen wollten! Niemals zog er ein Nichttun oder Nichtkönnen in Betracht. Wenn du einen Menschen vor dir hast, der pervers veranlagt, der ein Sklave von Rauschmitteln oder ein Gewohnheitstrinker ist, dann versuche, an etwas Positives zu denken, das du ihm sagen kannst, etwas, das sein Unterbewußtsein von der Sucht befreit.

Wir fanden das höchst schwierig. Dann fiel uns ein Buch in die Hände, „Christ Healing" (Heilung durch Christus) von Dr. Cobb in Crowhurst, Südengland. Darin gibt er uns einen Hinweis, der uns einen durchaus gesunden Kern zu haben scheint. Die Seele des Kranken müsse ganz mit dem Geist Gottes erfüllt werden. Man bittet Jesus, ihn mit seiner Liebe zu durchdringen, und betet zu Gott, er möge den ganzen Reichtum seiner göttlichen Liebe in ihn einströmen lassen, so daß jedes Verlangen befriedigt, jede Not gestillt wird und keinerlei Wünsche mehr übrig bleiben.

Bestand nicht gerade darin die Lehre Jesu: nichts zu bekämpfen, nichts mit Gewalt erzwingen zu wollen, sondern alles Negative zu überwinden durch die Fülle der Liebe? Diese Methode, jedes starke Begehren durch ein Erfüllen der Seele mit dem göttlichen Geiste auszutilgen, haben wir erprobt und sind sehr glücklich, daß sie in vielen Fällen dauernden Erfolg gehabt hat.

Einmal suchte uns ein sehr sympathisches Ehepaar auf. Beide hatten den großen Wunsch, im Dienste des Meisters hinauszugehen, um mit Wort und Tat zu wirken, wußten aber, daß die Frau der ersehnten Arbeit erst dann genügen konnte, wenn sie ihre große Befangenheit überwunden hätte. Sie konnte das, was sie fühlte, nicht ausdrücken, weil sie schüchtern, gehemmt und verschlossener Natur war. Sie wußten wohl, daß die Ursachen seelischer Art sein mußten, waren aber ratlos, wie sie damit fertig werden sollten. Wir beteten mit ihnen und kamen ihr innerlich sehr nahe. Als sie uns verließ, hatte sich bei ihr nichts geändert; sie vertraute jedoch darauf, daß das Gebet durchdringen würde, denn sie betete im Glauben und mit dem tapferen Willen, jeder Führung zu folgen.

Etwa drei Monate später schrieb sie uns einen wunderschönen Brief, in dem es ungefähr hieß: „Durch einen Traum wurde mir Antwort. Mir träumte, ich blicke in einen Spiegel, und statt meines eigenen Gesichts sah ich eine schreckliche Fratze – so gräßlich, daß ich davor zurückschauderte. Ich wußte, es war eine Fratze der Eifersucht."

Wie sie darauf kam, daß es sich um Eifersucht handle, weiß ich nicht, und es ist mir zweifelhaft, ob sie selbst es erklären könnte. Sie fuhr dann fort: „Als ich sie vor mir sah, dachte ich an etwas, das ich Ihnen nicht eingestanden haben würde, weil ich es mir selbst nicht eingestanden hatte. Ich war drei Jahre alt, als meine kleine Schwester geboren wurde. Mit ihren blauen Augen, lockigen Haaren und Grübchen war sie ein süßes Geschöpfchen, das jeder beachtete. Mich sah keiner an. Ich war lang und dünn, hatte strähnige schwarze Haare und war so wenig anziehend, wie sie reizend und herzgewinnend war. Ich haßte sie von ganzer Seele.

Als ich ins Backfischalter kam, entdeckte ich dann andere Züge an mir, die die äußere Anziehungskraft aufwogen; je beliebter ich wurde, desto mehr verloren sich jene Gefühle gegen meine jüngere Schwester. Und doch lebten sie, nur verschüttet, in meinem Unterbewußtsein weiter. Daß es so gewesen sein muß, zeigte mir der Traum. Und als ich mir dieser Zusammenhänge bewußt wurde, fühlte ich, wie die Hand Jesu, von rückwärts über meinen Kopf greifend, mir die Maske vom Gesicht zog. Als ich nun mein eigenes Gesicht im Spiegel erblickte, strahlend und glücklich, da wußte ich, daß ich geheilt war und alles Trübe und Hemmende überwunden hatte."

7. Gesundung von innen her

Der menschliche Körper hat die Fähigkeit, auf gefühlsbedingte Reize und Gedankensuggestionen zu antworten. Bei ständig wiederholten negativen Suggestionen, die nicht tätig abreagiert werden, dehnen sich die normalen Reaktionen über eine abnorm lange Zeitspanne aus.

So entstehen Krankheiten durch eine verlängerte Einwirkung von Gefühlsreizen auf den Körper. Die Reaktionen sind an sich völlig normal, dürfen sich aber nicht über eine längere Zeit ausdehnen. Das von der Norm Abweichende liegt nicht in der Art der körperlichen Reaktion, sondern in unserm mangelnden Verständnis für die auf ihn einwirkenden Suggestionen und Gefühlserregungen.

So ändert sich allmählich unsere Einstellung der Krankheit gegenüber. Immer mehr verbreitet sich die Auffassung, daß unser Schicksal von innen her bestimmt wird, und daß wir es meistern können durch die Erkenntnis, inwiefern unsere Gefühle den Ablauf des körperlichen Geschehens beeinflussen. Unsere Gesundheit hat seelische Ursachen, ebenso unsere Krankheit. Denken wir an Jesu Ausspruch: „Aus deinen Worten wirst du gerechtfertigt werden, und aus deinen Worten wirst du verdammt werden." Wenn wir nur Opfer des Schicksals wären; wenn die Gedanken, Worte und Taten anderer Menschen oder irgendein Zusammentreffen äußerer Umstände wirksamer wären als unsere Kraft der Abwehr, dann könnten wir niemals frei werden. Aber Jesus hat mehr als einmal gesagt, daß er gekommen sei, um uns zu befreien; daß er uns die Wahrheit bringe, die uns freimachen werde. Hat er nicht erklärt, daß unsere eigenen Gedanken, Worte und Gefühle uns verurteilen? Es war die Wahrheit, wenn er sagte: „So ihr in mir bleibet und meine Worte in euch bleiben, werdet ihr bitten, was ihr wollt, und es wird euch widerfahren!"

Eines unserer ursprünglichsten Gefühle, ein Erbteil unserer biologischen Vergangenheit, ist die Furcht. Sie hängt unmittelbar zusammen mit der Notwendigkeit der Selbstbehauptung im Daseinskampf. In der Frühzeit der Menschheit war ein hochentwickeltes Furchtgefühl nötig zur Erhaltung des nackten Lebens; der Körper mußte dem Menschen rasch gehorchen können. Ein Naturtrieb gebietet uns, daß unser Körper, sobald uns irgend etwas von außen her bedroht, ganz von selbst nur die Muskeln spielen läßt, die uns schnell aus der Gefahr erretten. Der Verdauungsprozeß wird solange unterbrochen, die Assimilierung und die Ausscheidungen ebenso. Sobald die unmittelbare Gefahr vorüber ist, nimmt der Organismus den regelmäßigen Ablauf seiner Funktionen wieder auf.

Ist Gefahr im Verzuge, dann gibt der Organismus Blutzucker in die Blutbahn, der Blutdruck wird erhöht, und die Muskeln können nun mit höchster Beschleunigung arbeiten, um uns im schnellsten Tempo vor der Gefahr zu bergen. Wie gesagt, ist diese wunderbare Selbsthilfe der Natur ein völlig normaler Vorgang. Im Verlauf der Höherentwicklung und Ausbreitung unserer Kultur sind viele der unmittelbar drohenden Gefahren, denen die Menschen früher ausgesetzt waren, fortgefallen. Heute sind unsere Furchtgefühle mehr komplizierter und passiver Art. Wenn sie nicht durch Tätigkeit abreagiert werden können, werden sie zurückgedrängt und sinken hinab ins Unterbewußtsein, das sie als Erinnerungen festhält. Bei manchen Menschen ist es eine unbestimmte Furcht vor dem Tod, bei anderen die Furcht vor Einsamkeit, Alter oder Leiden, oder die Furcht vor Not und Existenzunsicherheit. Heute wird die Menschheit durch die schleichende Furcht vor dem Atomkrieg und völliger Vernichtung beherrscht.

Wodurch die Furcht aber auch entstanden sein mag, immer wird der Körper auf jeden Gefühlsreiz in der einzigen ihm bekannten Weise antworten. Er hat ja keine denkende Intelligenz, nur eine instinktive; und er wird auch auf die verdrängten Furchtgefühle genau ebenso reagieren wie auf eine unmittelbare leibliche Gefahr. Wir sind uns vielleicht einer solchen Furcht gar nicht klar bewußt, aber der Körper spürt sie immer, und der Blutdruck bleibt über unsern normalen Bedarf hinaus erhöht.

Wenn der Blutdruck so hoch steigt, daß das Blut gegen die elastischen Wände der Arterien klopft, entsteht im Körper das Verlangen nach Selbstschutz. Die instinktive, auf Ausgleich bedachte Intelligenz der Zellen sagt sich, daß die Gefäßwände gesichert werden müssen, damit sie nicht zerbrechen. Wie man Sandsäcke aufstellt zur Festigung eines Deiches gegen die steigende Flut, so bauen sich die Körperzellen an den Gefäßwänden entlang auf und verstärken sie, damit kein Durchbruch stattfinden kann. Die einzige Stelle, an der das nicht möglich ist, ist das Gehirn; denn hier würde die Verdickung der Gefäßwände einen Druck gegen das Hirngewebe erzeugen. Da die Arterien im Gehirn außerordentlich dünnwandig sind, kann ein Gefäß leicht einmal platzen und das innerhalb des Hirngewebes sich bildende Blutgerinnsel führt dann zu einer Lähmung (Paralyse). Man spricht in diesem Falle von einer Gehirnblutung oder einem Schlaganfall. Eine Verdickung der Gefäßwände in anderen Teilen des Körpers bezeichnen wir als Arteriosklerose oder Verkalkung. Es handelt sich hier nicht um eine eigentliche Krankheit, sondern um eine Schutzmaßnahme des Organismus gegen eine länger andauernde Einwirkung negativer Affekte, vor allem der Furcht.

Dr. George Crile hat in Cleveland viele Versuche durchgeführt über Schockwirkungen, d. h. die Wirkungen akuter Furcht. Diese Versuche erweiterten sein Wissen über den exophthalmischen oder weichen Kropf, bei dem die Kehle wie zugeschnürt ist, der Puls sehr schnell geht und die Augen sich vorwölben. Er war überzeugt, daß er diesen Patienten Erleichterung verschaffen könnte durch einen operativen Eingriff, bei dem ein Teil der Schilddrüse entfernt wird. Eine seiner Patientinnen, die durch eine solche Kropfbildung dem Tode nahe war, erklärte sich schließlich mit der Operation einverstanden; aber als sie unter dem Betäubungsmittel auf dem Operationstisch lag, steigerte sich der Pulsschlag so sehr und der Blutdruck erhöhte sich so beängstigend, daß er nicht wagte, die Operation durchzuführen. Fast unmittelbar darauf starb sie. Dr. Crile schrieb die Ursache ihres Todes einem Schock auf Grund akuter Furcht zu. Es ist dies nicht der Typus der Furcht, der hohen Blutdruck zur Folge hat; denn bei diesem handelt es sich um eine verdrängte und oft unbewußte Furcht.

Später, bei einer andern Patientin, beschloß Dr. Crile, ihr gar nichts von einer bevorstehenden Operation zu sagen, um sie nicht zu ängstigen. Er sagte vielmehr: „Wir möchten bei Ihnen eine neue Behandlung durch Inhalieren versuchen, die wir für erfolgversprechend halten. Wäre Ihnen das recht?" „Ja", erwiderte sie, „alles, was Sie mir vorschlagen, will ich gern versuchen." So ließ er sie inhalieren, und zwar mit Äther, und entfernte den Kropf ohne die Schockwirkungen, die sich bei der ersten Patientin gezeigt hatten. Sie genas schnell. In den nächsten Jahren kamen die Ärzte von nah und fern zu Dr. Crile, um zu sehen, wie er einen Kropf heimlich entfernte; denn er sagte nun keinem Patienten mehr, daß er operieren würde. Dr. Crile hatte erlebt, wie ein Affekt auf einen Menschen wirken kann, und nachdem er einmal gesehen hatte, daß solche unkontrollierbaren Erregungen sogar den Tod herbeiführen können, betonte er immer wieder, wie wichtig es sei, sie in Schranken zu halten.

Es ist nicht meine Absicht, von Operationen abzuraten; nur bin ich überzeugt, daß es bessere Wege zur Überwindung einer Krankheit gibt. Für diejenigen, die keinen andern Weg sehen, bleibt der Weg der Operation immer noch übrig.

Auf die Frage, ob wir hoffen können, einen zu hohen Blutdruck auf das normale Maß zurückzuführen, kann uns der Fall Beryl Sloop Antwort geben. Frau Sloop hatte einen Kropf und bedenklich hohen Blutdruck. Sie war unfähig, zu arbeiten. Seit drei Monaten hatte sie eine salzfreie Diät innegehalten. Eines Abends suchte sie uns auf, schwankend wie eine Betrunkene, mit furchtbaren Kopfschmerzen und einem enorm hohen Blutdruck. An jenem Tage hatte der Arzt zu ihr gesagt: „Wir haben alles Erdenkliche versucht. Nur eins bleibt noch übrig – eine Sympathektonie." „Was ist denn das bloß?" fragte sie. „Es ist eine Operation, bei der die sympathischen Nerven längs der Wirbelsäule durchgeschnitten werden." „Nein", erklärte sie, „das ist zuviel verlangt."

Dann sei sie auf die Kniee gesunken und der göttliche Geist habe sie zu uns geführt. An jenem Abend sprachen wir mit ihr und beteten zusammen. All die unendlich wohltuende Liebe, die so ungehindert durch Wallace hindurchströmt, beruhigte ihr Herz und ihre Nerven und befreite sie von ihrer Furcht. Sie war fähig, nach Hause zu gehen, und hatte eine gute Nacht.

Am nächsten Morgen, nach einer Rücksprache mit ihrem Arzt, telefonierte sie uns an: „Ich komme zu Ihnen hinaus. Sie haben ja ein Gastzimmer, und mein Mann und ich möchten gern bei Ihnen wohnen. Der Arzt hat mir soeben gesagt, daß mein Blutdruck um 70 Punkte heruntergegangen sei, was noch nie vorkam, und da möchte ich wissen, wie Sie das gemacht haben. Deshalb komme ich zu Ihnen. Wir bringen unsere Handkoffer mit und bleiben bei Ihnen, bis ich dahintergekommen bin." Von Januar bis ins späte Frühjahr hinein blieb sie bei uns und erfuhr, was sie wissen wollte.

Sie hatte immer unter Hochdruck gearbeitet und viele Erschütterungen und uneingestandene Ängste durchgemacht. Ihre Symptome wurden – wie sie nun erkannte – noch verschlimmert durch Ungeduld und Reizbarkeit. Wir konnten ihr durch tägliches Gebet und Meditieren weiterhelfen, und sie lernte es, die Hilfe Gottes zu erbitten, um ihre alten Gewohnheiten abzulegen. Bei dieser Lebensweise wurde der Kropf immer kleiner, und ihr Blutdruck ging mehr und mehr herunter.

Hauptpfarrer Dr. Alfred Price in Philadelphia glaubt, daß ein positives Gebet mehr Gutes bewirken könne als ein verneinendes. Wenn man sagt: „Gott befreit mich jetzt von allen Gefühlen des Zornes, der Furcht und der Gereiztheit", so ist das besser für uns, als wenn wir beten: „Ich will mich nicht ärgern, ich will nicht gereizt sein, ich will mich nicht fürchten."

Bei Beryl Sloop zog sich der Heilungsprozeß über drei Jahre hin. Während dieser Zeit wandelte sich ihre ganze

Einstellung zum Leben. Bei Alice Newton hatte die Vorbereitungszeit zwei Jahre gedauert, und dann war sie in einem Augenblick völlig geheilt worden. Die erstere Art der Heilung leuchtet viel eher ein. Wenn wir von plötzlichen Heilungen sprechen, wenn wir einen Bericht wie den von Dr. Alexis Carrel lesen, daß ein an Hautkrebs an Handrücken und Handgelenk leidender Mann vor seinen Augen geheilt wurde, während er vor ihm stand, – so ist das viel unglaubhafter. Dr. Carrel war der Meinung, daß, soweit er den Heilungsprozeß beobachten konnte, es sich um eine normale Vernarbung handelte, nur gleichsam mit dem Zeitraffer zusammengefaßt. Auch eine Wunderheilung wie die folgende erscheint uns kaum faßbar: Dr. George Parkhursts Mutter hatte einen Knoten in der Brust, den der Arzt operativ entfernen wollte, und der durch das Gebet vollkommen verschwand. Während sie eines Tages im Gebet verweilte, fühlte sie, wie ein furchtbarer Schmerz, gleich einem elektrischen Schlag, durch die Geschwulst ging und den Arm hinunterfuhr. Als sie wieder zu sich gekommen war, legte sie die Hand auf die Brust, und da, wo vorher der Knoten gewesen war, fühlte sie nun eine faustgroße Vertiefung. Die Geschwulst war verschwunden. Freundlicherweise erlaubte sie mir später, sie zu untersuchen, und ich konnte nur feststellen, daß Gewebe und Drüsen vollkommen in Ordnung waren.

Es ist uns fast unmöglich, solchen Berichten Glauben zu schenken. Denken wir aber an bedeutende Physiker unsrer Zeit, wie etwa de Broglie, der uns in seiner Theorie der Wellenmechanik einen Blick in die subatomare Welt tun läßt. Wenn wir uns – wie er sagt – in die hinter dem Atom liegende Welt des Elektrons, Protons und Neutrons begeben, befinden wir uns im Reich der Energie. Es ist eine unsichtbare Welt, deren Gesetze mit denen der Materie nicht übereinstimmen.

Diese Entdeckungen machen den Forschern zu schaffen. Du Nouy jammert über diesen „klaffenden Riß in dem stolzen Palast der Naturwissenschaft". Könnte es wohl sein (ich möchte hier nur die Frage einmal aufwerfen), daß die unsichtbare Welt der Energie, die hinter dem Atom liegt und von der das Leben des Atoms abhängt, das Reich des Geistes wäre? Könnte es sein, daß wir durch die geistige Heilweise einen Strom göttlicher Liebe und göttlichen Lebens durch Seele und Körper senden, der dies hinter den Atomen liegende Reich geistiger Energie berührt und den Atomen ihre ursprüngliche harmonische Ordnung wiedergibt, wobei sich die Moleküle im Augenblick verwandeln?

Wenn wir unsere Hand in die Hand Gottes legen und uns dem heilenden Licht öffnen, dann berühren wir vielleicht mit der andern Hand das unsichtbare Reich hinter dem Atom. In einer uns noch verborgenen Weise bringen wir dann jene Elektronen, Protonen und Neutronen in ein harmonisches Verhältnis zueinander, und ohne ein dabei wahrnehmbares zeitliches Geschehen werden zwischen den Zellen eines bestimmten Körpergewebes sofort wieder normale Beziehungen hergestellt. Könnte es nicht so sein? Unbegreiflich erschiene es mir nicht!

Viele Vorgänge, die der Materialist bisher verspottete, werden uns täglich durch die Ergebnisse der Physik stärker aufgehellt. Ein heute Lebender, der nichts glauben will, als was ihm seine Sinne vermitteln, zeigt nur, daß er von den Fortschritten der Naturwissenschaft nichts weiß. „Wie ein Elektron an sich beschaffen ist, können wir nicht wissen; auf Grund seiner Wirkungen kennen wir es aber besser als ein gewöhnliches Stück Holz". sagt du Nouy. Die unsichtbare Welt spielt im Leben des heutigen Menschen eine bedeutende Rolle, und die Physik kommt den Wahrheiten immer näher, die die Religion uns von jeher gelehrt hat. Das soll nicht etwa heißen, daß Naturwissenschaft und Religion je völlig zusammenfallen werden: es handelt sich hier um zwei ganz verschiedene Annäherungswege. Die Religion muß der Wissenschaft immer voraus sein. Wir strecken unsere geistigen Fühler nach dem Unbekannten aus und erhaschen intuitiv einzelne Bruchstücke von Wahrheiten, die von der übrigen Welt noch nicht gesehen werden. Später rückt die Wissenschaft nach, um diese Entdeckungen nachzuprüfen, sie systematisch zu ordnen und sie damit dem allgemeinen Stand unseres Wissens einzuverleiben.

Aber die moderne Naturwissenschaft nähert sich heute der Religion stärker als seit Jahrhunderten. Daher wagen wir zu hoffen, daß eine Heilkunst, die durch das Gebet zur Gesundheit führt, wieder zu einem Dienst der Kirche wird. Als Quäker hoffen wir, daß eines Tages die Krankenheilung wieder die bedeutsame Stelle im Dienst an den Menschen einnehmen wird, die sie offenbar in der Lehre und im Helferdienst George Fox' und der ersten Quäker innegehabt hat.

Es ist nicht allgemein bekannt, daß George Fox außer seinem berühmten „Tagebuch" noch eine Sammlung von Aufzeichnungen hinterließ, die er "The Book of Miracles" (Buch der Wunderheilungen) genannt hat. Dr. Henry J. Cadbury machte einen glücklichen Fund, als er 1932 in London einen Katalog aller von George Fox stammenden Aufzeichnungen und Bücher entdeckte, darunter auch Notizen über dies unbekannte "Book of Miracles". Das Buch selbst ist nie veröffentlicht worden, das Manuskript bedauerlicherweise verlorengegangen.

Aber jener Katalog enthält 150 Eintragungen über Heilungen, die man Fox zuschrieb; außerdem kurze inhaltliche Mitteilungen darüber, die Dr. Cadbury aus anderen vorhandenen Berichten ergänzen konnte. Seine Forschungen sind jetzt unter dem Titel "George Fox's Book of Miracles" erschienen. Der Verfasser hat noch andere Berichte in diesem Buch gesammelt, aus denen hervorgeht, daß Fox' Schrift über Wunderheilungen nicht mit dem Tagebuch zusammen veröffentlicht wurde, weil zu jener Zeit der Gedanke der Glaubensheilung auf großen Widerstand stieß.

8. Der Mensch, „das unbekannte Wesen"

Die ersten Forscher auf psychosomatischem Gebiet haben interessante Feststellungen über die Zuckerkrankheit gemacht. Sie fanden, daß tiefer Kummer mehr Energie verbraucht als jeder andere Affekt.

Bei heftigem Seelenschmerz sendet der Organismus große Mengen von Blutzucker in die Blutbahn, um die notwendige Energie zu liefern. Wenn der Schmerz nicht zu lange andauert, paßt sich der Körper wieder an; aber wenn der Kummer verdrängt und lange Zeit hindurch festgehalten wird, so reagiert der Organismus auf die einzige Weise, die er kennt, indem er weiter für eine vermehrte Zufuhr von Zucker sorgt.

Es handelt sich dabei um die vollkommen normale Reaktion auf einen gefühlsbedingten Reiz. Die andere Seite des Bildes, die abnorme, zeigt uns einen zurückgedrängten Kummer, der sich im Herzen (oder Unterbewußtsein) festgesetzt hat. So muß Monate und Jahre hindurch immer mehr Zucker in die Blutbahn gesendet werden, bis schließlich die Pankreaszellen erschöpft sind. Diese Zellen bringen das Insulin hervor, das den Zucker zu Energie verbrennen läßt; aber bei einer solchen Überfülle von Zucker, der ununterbrochen nachströmt, versagen die Pankreaszellen einfach den Dienst und streiken. Durch die ständige Erregung sind sie überfordert und produzieren kein Insulin mehr. So wird der Blutzucker nicht mehr verbrannt und bleibt als freier Zucker in der Blutbahn. Dann sprechen wir von Zuckerkrankheit.

Die Entdeckung des Insulins durch Dr. Banting war eine große Tat. In den Körper eines Zuckerkranken eingeführt, hilft es mit bei der Verbrennung des Zuckers, beseitigt aber nicht die Krankheitsursache. Insulin kann also keine Heilung herbeiführen; es kann das Leiden erleichtern und das Leben verlängern. Wirkliche Heilung konnte dagegen erzielt werden, wenn das verdrängte Gefühl ins Bewußtsein gehoben und das Unterbewußtsein durch Gebet befreit wurde.

Die Schwierigkeit liegt darin, daß Diabetiker oft sehr ungern über ihr eigentliches Gefühlsleben sprechen. Sie wollen ihre seelischen Konflikte nicht zugeben. Manchmal lagen die ersten Ursachen ihrer Gefühlskonflikte in einer widerwilligen Unterordnung unter die elterliche Autorität. Manchmal sind sie auch auf andere Familienangehörige eifersüchtig, schämen sich aber, diese Eifersucht zuzugeben. Tiefdringende Erforschung durch Meditation und Gebet kann allmählich den inneren Widerstand besiegen und den Kranken befreien und heilen. Dem Diabetiker möchten wir sagen: „Wolle nicht vom Brot allein leben. Lebe durch das Manna des Geistes!" Denen, die sich allzulange ihrem Schmerz hingeben, möchten wir zurufen: „Gib deine ganze Liebe einem andern! Dann kannst du nicht mehr traurig sein, denn Liebe ist Freude." Jesus hat uns seine Freude gebracht, um den Geist der Trauer zu überwinden. So lebe in dieser Freude.

Ein heikles Gebiet, das den großen Medizinern lange Zeit Kopfzerbrechen gemacht hat, ist die Arthritis. Dr. James Halliday, der bedeutende schottische Arzt, meint, daß die meisten seiner Patienten, die an Gelenkrheumatismus leiden, unrastige, äußerst selbständige Menschen mit hochgesteckten Zielen seien; viele von ihnen hätten ein überbetriebsames und herrschsüchtiges Wesen.

Dr. Edwin Gildea, Universitätsprofessor in St. Louis, hat die gemeinsamen Charakterzüge erforscht, die solchen Leidenden eigentümlich sind. In einem Bericht an die psychosomatische Gesellschaft in Amerika erwähnt er, daß an Arthritis leidende Patienten gewöhnlich peinlich ordentlich seien. – Meist rühmt man sich dieser Eigenschaft und hält sie für eine löbliche Tugend. Das mag richtig sein, aber wenn man in die vierziger und fünfziger Jahre kommt, kann sie einem Schmerzen verursachen!

Für die Arthritis hat Dr. Edmond Weiß, Philadelphia, einen treffenden Ausdruck gefunden – „schwelender Groll". Er erklärt das so: „Im Kampf ums Dasein sind die Muskeln das Mittel zur Verteidigung und zum Angriff. Daher löst sich eine innere Spannung am leichtesten durch Muskelbetätigung. Wird aber solche Betätigung zurückgedrängt und gehemmt, dann entsteht eine Muskelspannung, die als Schmerz empfunden wird." Wie mancher von uns kann das bezeugen!

Mit dem „schwelenden Groll" im Herzen kommen diese immer mächtig vorwärtsdrängenden Menschen in Schwierigkeiten. Sie haben sich ein Ziel gesetzt und geben es niemals auf. Solche Frauen und Männer leben in der Familie oder im Geschäft mit andern zusammen, die nicht so tüchtig und leistungsfähig sind, wie sie sie gern hätten; daher versuchen sie unermüdlich, die anderen zu ihrem eigenen Ideal zu erziehen. Wenn auch freundlich, ohne Temperamentsausbrüche und dauerndes Nörgeln, wollen sie sie doch beharrlich und konsequent zur Vollkommenheit treiben. Sie selbst drängen dem gleichen Ziele entgegen.

Eine meiner Bekannten versucht seit zehn Jahren unentwegt, ihrem Manne richtiges Englisch beizubringen. Er ist zwar Engländer und kann das schönste Englisch sprechen, tut es aber nicht immer. Warum muß sich seine Frau dauernd darüber ärgern? Aber sie ärgert sich und leidet an Arthritis in allen kleinen Gelenken.

Das beste Mittel, um steife Gelenke wieder geschmeidig zu machen, ist das Öl der Freude. Das Motto heißt: Unbekümmert sein und gehen lassen! D. h. wir sollen nicht versuchen, alles durchzudenken und bis in die kleinsten Einzelheiten zu planen. Wir wollen bitten: „Lieber Meister, ich will meine Lieben damit verschonen, daß ich alles, was sie tun sollen, im voraus genau überlege und es dann genau so von ihnen erwarte. Hilf mir, meine Freunde und alle, die mir nahestehen, liebzuhaben und in fröhlicher Unbekümmertheit zu leben. Ich will versuchen, nicht mehr alle Fäden selbst in der Hand zu behalten. Wenn ich mich abends zur Ruhe lege, gib mir einen sanften Schlummer, so daß ich mich nicht mehr ruhelos umherwerfe und dauernd daran denke, wie ich alles machen will. Gib mir die Gnade, dir das Regiment zu überlassen, damit ich selbst frei bin."

Wir können wirklich lernen, ohne Anspannung und unnötigen Kraftaufwand zu leben, und so zu leben, daß es uns gar nichts ausmacht, ob alles mal drunter und drüber geht und rechts und links vertauscht ist! Zu jedem Arthritis-Kranken würde ich am liebsten sagen: „Löse dich von deinem Ich! Gib den allzugroßen Ehrgeiz auf, daß alles, was du selbst oder die Deinen tun, vollkommen sein müsse!"

In einem Wort, das Jesus zu Simon Petrus sprach, liegt für uns alle eine beherzigenswerte Lehre. Nach der Kreuzigung war es, an einem frühen Morgen, als die Jünger in ihren Booten draußen waren. Das Ufer lag noch im Morgennebel. Als sie sich dem Land näherten, erblickten sie, noch undeutlich, eine Gestalt, die an einem Feuer das Frühmahl zubereitete, und Johannes rief aus: „Es ist der Herr!" Sie zogen die Boote ans Land, wo der Meister ihnen das Mahl bereitet hatte. Als sie gegessen hatten, sagte er zu Johannes: „Bleibe, bis ich komme."

Petrus hatte vorher eine Frage gestellt, offenbar aus Neugier, und Jesus tadelte ihn mit den Worten: „Was gehet es dich an? Folge *du* mir nach!" Wir verdienen den gleichen Tadel wie Petrus an jenem Frühlingsmorgen. Wenn wir in Versuchung kommen, uns zu eingehend um alles zu kümmern, dann wollen wir an jene Frage denken: Was gehet es dich an? Folge *du* mir nach.

Wir haben eine Reihe von Redensarten, die uns helfen, die gefühlsbedingten Ursachen der Herzbeschwerden zu verstehen. Wenn wir sagen, daß wir uns etwas „zu sehr zu Herzen genommen" haben, geben wir damit unbewußt zu, daß wir unser Gefühlsleben zu stark mit irgend etwas belastet haben.

Oft ist ein zu schneller, unregelmäßiger oder flatteriger Puls die Folge von Gefühlsstörungen. Angina pectoris ist eine Herzneuralgie, bei der sich obendrein die Brustmuskeln zusammenkrampfen, was höchst schmerzhaft ist. Unwillkürlich drückt man die Hand auf das Herz, da das Gefühl der Einengung einem den Atem raubt. Kürzlich wurde ein Film gezeigt, in dem ein eifersüchtiger Ehemann krampfartige

Schmerzen bekam, wenn er nicht das durchsetzen konnte, was er gerade wollte, und so, wie er es wollte.

Es wirkte erschütternd, wenn er immer wieder heftig nach Atem rang. Solche Kranke wissen gar nicht, daß die Ursache ihres Leidens in ihnen selbst liegt, und daß sie sich selber von Liebe und Leben abschnüren.

Bei anderen Arten von Herzbeschwerden fühlt man keine Schmerzen, sondern nur eine große Schwäche, als ob das Herz stillstehen wollte und das Leben zu Ende ginge. Eines der sichersten Mittel, mit denen man Herzleiden überwinden kann, ist nach unserer Erfahrung jene schönste und zugleich viel verleumdete Gabe – die Liebe. Wie können wir den Menschen helfen bei der Heilung ihrer Herzleiden? Die Lösung heißt Liebe. Der englische Mystiker Edward Carpenter hat es in dem Gedicht *„Wie es geschah"* ausgedrückt: „In der niedrigen Schneiderwerkstatt sitzt er mit gekreuzten Beinen ...   krank, krank im Herzen.

„Kein Gott, keine Wahrheit noch Gerechtigkeit – und vor allem keine Liebe."

„Das bringt ihm den Tod – keine Liebe ... Wie tief ist sein Hunger nach Liebe!"

„Das Herz schlug einst so kräftig, – jetzt so seltsam unregelmäßig, stolpernd wie ein Verstörter – bald vorwärtsjagend, bald langsam, zögernd, als ob es nicht mehr weiter könnte ...

„Und der Arzt sagt mit ernstem Gesicht, die Herzklappen seien schwach, und verschreibt Ruhe, gute Pflege, frische Luft und anderes, was er nicht haben kann. Aber er sagt nichts von dem, was dem Kranken am meisten am Herzen liegt.

„So schleppt er sich durch den Tag und wird immer apathischer, – es ist ihm gleich, ob er lebendig oder tot ist – wäre es nicht besser, tot zu sein?

„Und dann geschah es, und – das war das Allerseltsamste – ganz plötzlich und unerwartet: in den kleinen Klub, den er einmal in der Woche besuchte, kam eines Abends ein neues Mitglied von athletischer Kraft und Schönheit, ... und der Neugekommene sprach freundlich mit ihm und schien ihn gleich zu verstehen. Und von da an kam er zu ihm und leistete ihm Gesellschaft und pflegte ihn, und Gesundheit und

Kraft strömten in ihn ein, wie Wärme und Licht der neuaufgehenden Sonne uns überfluten nach langer arktischer Nacht.

„Der Körper wird stark und widerstandsfähig, und das schwache Herz gewinnt täglich an Kraft

„Und singt, singt, singt! Singt seinem Freunde den ganzen Tag, ob er bei ihm weilt oder nicht."

Herzleiden stehen unter den Berufskrankheiten der Geschäftsleute an erster Stelle. Dr. George Schwartz und sein Mitarbeiter machten in Wall-Street Untersuchungen über Herzbeschwerden. Es ergab sich, daß die Häufigkeit der Herzkrämpfe mit dem Auf und Ab der Effektenbörse parallel lief. „Wenn die Börse wilde Sprünge machte, dann machten auch die Herzen wilde Sprünge, und die Bahren mußten herangeholt werden."

Richter Oliver Wendell Holmes hat einmal gesagt: „Zu Anfang ist der Beruf das Mittel, um unser Leben zu erhalten – am Ende kostet er uns das Leben." Dr. Connor von der amerikanischen Gesellschaft für Herzforschung weist darauf hin, daß diese Menschen in ununterbrochener Hochspannung leben und überhaupt nicht mehr fähig sind, sich zu entspannen. Er meint: „Sie kämpfen sich durch ein Golfspiel hindurch – sie spielen es nicht." Dr. Leo Bartemeier, Psychologie-Professor in Detroit, bemerkt dazu: „Selbst wenn sie versuchen zu spielen, arbeiten sie sich so dabei ab, daß niemand Freude am Spiel hat, sie selber am allerwenigsten."

Die Versicherungsbeamten haben die Erfahrung gemacht, daß die gesundheitliche Untersuchung der Versicherten nicht das Tempo der verborgenen Gefühlserregungen zutage bringt, das dem Zustande dauernder Hochspannung zugrunde liegt. In dem Jahresbericht 1937 an die amerikanische Ärztevereinigung erwähnte Dr. H. L. Smith, daß Kranzgefäßkrankheiten bei Angestellten doppelt so oft vorkämen als bei Arbeitern, die schwere Muskelarbeit leisten, fest schlafen wie die Kinder, alles essen und jeden Morgen frisch und neugestärkt wieder aufstehen.

Ein anderer scharfer Beobachter meint: „Wer ohne Atempause dem Geld nachjagt, ist psychologisch mit einer Tänzerin zu vergleichen, die durch immer neue Tanzprogramme und freigebiges Autogramm-Verteilen Reklame machen muß, oder wie ein Kind, das schönere und größere Spielsachen haben will als alle andern Kinder in der Nachbarschaft."

Wenn wir zu andern sagen: „Diese Krankheitszustände können durch Liebe geheilt werden," dann erwidert man uns oft: „Aber wie können wir lieben lernen?" Und das ist nicht einmal eine so sonderbare Frage! Es gab eine Zeit in meinem Leben, in der ich sehr glücklich war und an mir selbst völlig genug hatte. Damals sah ich herab auf die Menschen, die andern gegenüber aufgeschlossen und liebevoll waren. Das erschien mir primitiv, und doch empfand auch ich in mir ein großes Verlangen nach menschlicher Zuneigung. Ich litt an intellektuellem Hochmut – dem schlimmsten Dünkel, den es gibt. Wenn jemand grammatisch falsch sprach, bedeutete das für mich fast seinen Ausschluß aus dem Paradies! Daher verstehe ich heute die Frage: „Wie werde ich fähig zu lieben? Wo soll ich anfangen? Wie kann ich es lernen?" Denn ich habe selbst diesen Weg gehen müssen und weiß, daß solche Fragen durchaus ernst zu nehmen sind.

Aber – *wie* lernt man lieben? Dadurch, glaube ich, daß wir uns aufrichtig für andere zu interessieren suchen und ihnen so aufmerksam zuhören, daß wir wirklich in uns aufnehmen, was sie zu sagen haben. Wenn man mehr zuhört als selber spricht, dann ist man liebevoll – vorausgesetzt, daß man selbst gern und viel spricht. Falls man aber selber nicht gern redet, dann ist man liebevoll, wenn man mehr spricht als zuhört!

Wenn du dich völlig umstellst, dann stellst du Gleichgewicht und Rhythmus in dir her und sicherst dadurch den Ausgleich deines Gefühlslebens wie auch den gleichmäßigen Rhythmus des Herzens, das nun wieder dem Leben vertrauen lernt. Die Liebe anderer hilft dem Herzen, sich zu straffen und zu kräftigen, wie es der Schneider in dem Gedicht erfuhr, als er den liebevollen Gefährten fand.

Wer nur besitzende Liebe oder eifersüchtige Liebe kennt, oder wer in einer nur menschlichen Liebe nicht die vollkommene Ergänzung findet, erlebt häufig so tiefe Enttäuschungen, daß er dadurch krank werden kann. Solche Menschen erreichen den heilenden Ausgleich nur, wenn sie die allumfassende göttliche Liebe finden, die unpersönlich ist, nicht besitzen will und nach Gegenliebe nicht fragt. Häufiges Gebet, viele stille Stunden, Selbsthingabe an andere – das sind die sichersten Mittel zur inneren Befreiung. Gib nicht nur Geld und materielle Hilfe, sondern gib dich selbst, deine Teilnahme, deine sorgende Liebe und deine Gebete.

Mehr und mehr glauben wir, daß anmaßlicher und unbeugsamer Stolz sich oft in Versteifungen im Körper widerspiegelt. Wir werden uns immer klarer darüber, daß Herzenshärte und Mangel an echtem Mitgefühl sich körperlich äußern können durch Verhärtung des Gewebes, bis zur Bildung von Gallen- und Nierensteinen. Man nimmt auch an, daß Eifersucht und Mißgunst Stauungen im Körper verursachen. Es gibt Zeiten in unserm Leben, in denen das Gefühl, innerlich festgefahren zu sein, ein Stocken der Säfte zur Folge haben kann. Ja, wir sind „wunderbarlich gemacht", und wie Dr. Alexis Carrel meint, ist der Mensch noch immer ein „unbekanntes Wesen".

9. Erkenne, wer du bist!

Wenn du im Bekanntenkreis über diese Gedanken sprichst, wird vieles davon auf eisernen Widerstand stoßen. Man wird etwa fragen: Wo bleiben dabei die Tatsachen des Lebens? – Wie kann man hoffen, diese ganzen Schwierigkeiten durch das Gebet zu lösen? – Was soll mit all den vielen Menschen geschehen, die wirklich leidend und vollkommen hilflos sind? – Du sagst, daß das Böse kein Eigensein besitze, daß es nichts Wirkliches sei – aber wie kannst du die kalten, harten Tatsachen einfach leugnen?

Mit diesen Fragen beschäftigt sich Glenn Clark in seinem Buche: "The Soul's Sincere Desire" (Der Seele wahres Verlangen). Welches sind denn die kalten, harten Tatsachen des Lebens, die der Materialist, der sogenannte „Realist", einem so gern entgegenhält? Nach Dr. Clarks Ansicht bezeichnet man damit Streit, Ärger und Leiden; und er meint dazu: „Das Wort Tatsache kommt von Tun. Sind diese ‚Tatsachen' mit den Wirklichkeiten des Lebens gleichzusetzen? Jesus dachte darüber anders. Für ihn entspringt die Wirklichkeit nicht einem Tun oder Machen, sondern sie besteht in dem, was von Ewigkeit her *ist*. Die Liebe *ist*; ein Streit wird *gemacht*. Die Freude *ist*; unglücklich wird man *gemacht*. Die Wahrheit *ist*; Lügen werden *gemacht*. Das Leben *ist*; Krankheit wird *gemacht*." Wenn man dich mit „Tatsachen" in die Enge zu treiben versucht, dann halte deinen Freunden einmal *diese* Tatsachen vor.

Im Geiste ist jede Wahrheit schon da, und mehr als das: sie liegt uns bereits offenkundig vor Augen, wenn wir sie nur wie Jesus erkennen und sie uns zu eigen machen könnten. Wenn wir ihn nach seinem Weg und seinem Geheimnis fragen, wird er uns den Weg zeigen. Wie Jesus können auch wir die Kraft gebrauchen lernen, die uns befähigt, körperliche wie seelische Übel zu besiegen. Die Wirklichkeit so zu sehen, wie er es tat, das heißt sich selbst zu ihr zu erheben; und die Wirklichkeit für einen andern zu sehen, heißt ihn zu ihr emporzuheben. Daher bitten und flehen wir nicht mehr zu Gott um Heilung, tägliches Auskommen und Glücklichsein. Warum sollen wir unsern himmlischen Vater um etwas bitten, das wir bereits von ihm erhalten haben? Denn er hat uns alle guten und vollkommenen Gaben ja schon gegeben!

Um was bitten wir dann? Und warum müssen wir immer wieder beten? Wir bitten um Erleuchtung. Wir bitten darum, daß unser Bewußtsein emporgehoben werde zur Höhe Christi, – zu dem Punkt, wo wir alles Gute, das uns gegeben ist, erkennen und danach handeln; wo wir nicht nur das gelobte Land von fern erblicken, sondern auch den Mut haben, einzudringen und es in Besitz zu nehmen.

Elizabeth Searle Lamb schrieb einmal: „Im Gottvertrauen ist dreierlei enthalten: Glauben, Schauen und Tun. Glaube an Gott, an seine Allmacht, Allwissenheit und Allgegenwart, ist der Fels, auf den ich mein Leben gründe. Dies ist das erste. Das zweite ist ein kühnes Schauen und Sichhinein-träumen in alle Gottesfülle. Wir träumen viel zu genügsame Träume, leben ein viel zu genügsames Leben. Das dritte ist die Tat. Durch den Glauben lege ich die Scheidewand nieder, die mich von Gottes Güte trennt; durch das Schauen wird mein Horizont immer weiter, bis ich mich dem Bild meiner selbst nähere, das er mir eingepflanzt hat; dann mache ich mich auf – jetzt – heute – und handle!"

Viele Gründe sind es, die uns kurz vor dem dritten Schritt halt machen und die Tat scheuen lassen. Der Hauptgrund ist ein Gefühl unserer Unwürdigkeit. Wie viele von uns wagen es nicht, ihre Rechte als Kinder Gottes in Anspruch zu nehmen! Ein älterer Freund verlebte einen Sommer bei uns in Merrybrook und wurde beim Abschied von einem andern Gast gefragt: „Verlassen Sie uns nun als Gesunder?" Sehr bescheiden antwortete er: „Nein, es geht mir aber sehr viel besser. Ich würde alles darum geben, eine plötzliche und vollkommene Heilung zu erleben. Ich glaube, für andere ist das möglich, aber ich selbst fühle mich nicht würdig dafür."

Auch dich möchte ich fragen, wie wir damals unsern Freund fragten: „Hast du niemals daran gedacht, deine Rechte als Gotteskind in Anspruch zu nehmen?"

Wer bist du? Bist du ein Körper, in dem ein göttlicher Funke lebt, oder bist du ein Kind des lebendigen Gottes, das Wohnung genommen hat in einem irdischen Leibe?

Bist du ein Sohn Adams oder der roten Erde, der unter dem Gesetz des Stoffes steht, oder bist du ein Königssohn, den Gesetzen des Gottesreiches untertan? Wer bist du?

Hätte jener Mann gesagt: „Ich bin Gottes Kind und kann gesund von hier fortgehen, denn ich weiß, daß er mich heilen kann und wird", – glaubt ihr nicht, er wäre heimgefahren und hätte all seine Beschwerden zurückgelassen?

Andere kamen mit viel schwereren Gebrechen nach Merrybrook und fuhren gesund wieder nach Haus.

Es ist also wichtig, daß du dir klar machst, wer du bist. Bestehe auf deinem angeborenen Recht mit allem Nachdruck! Sind wir etwa weniger bescheiden, wenn wir uns Kinder des lebendigen Gottes nennen? Ist es wahre Demut, wenn wir sagen, daß wir nicht gut genug seien?

Ach, in diesem Sinne ist keiner von uns gut genug. Es handelt sich gar nicht um das Gutsein, nur um die Frage: wer bin ich? Es handelt sich gar nicht darum, ob man schon weit genug ist, um im Dienst des Meisters zu wirken. Wenn wir darauf warteten, daß wir erst so weit wären, dann könnten nur sehr wenige in seinem Dienst stehen; denn keiner von uns ist vollkommen genug, um seinen Forderungen wirklich zu genügen. Es handelt sich einzig darum, ob wir wollen. Dann wird er uns auch dazu tüchtig machen. Größere Demut besitzt niemand, als wer den eigenen Willen ganz dahin gibt und trotz der tiefen Überzeugung von seiner persönlichen Unzulänglichkeit darauf vertraut, daß Gott ihn für seine Aufgabe fähig machen wird.

Wir besitzen Starr Dailys Bücher: "Love Can Open Prison Doors" (Die Liebe kann Gefängnistüren öffnen) und "Release" (Befreiung). War Starr Daily etwa gut genug? Er war ein berüchtigter Verbrecher, dessen Name in aller

Gefängnislisten des Landes zu finden war. Dem Tode nahe, lag er allein in seiner Zelle, als der Meister selbst ihm erschien, ihn ansah und sein Leben umwandelte, indem er in ihm das Bewußtsein seiner Gotteskindschaft weckte. Je unzulänglicher wir uns fühlen, je mehr Hindernisse wir überwinden müssen, um so herrlicher werden die Früchte sein, die Gott schenkt, wenn seine Liebe uns völlig verwandelt hat.

Eine Umkehr ist eine Bekehrung. Wenn unsere Vergangenheit ganz umgepflügt und die Seele aufgelockert ist, wird sie zum fruchtbaren Boden für die göttliche Saat. In seinem Gebet um Hingabe seines Ich bestätigt Starr Daily: „Wenn ich mein Inneres willig von dir umwandeln lasse, werde ich über alles Äußere den Sieg davontragen."

Preise die Vollkommenheit, in dir selbst und anderen! Sage Dank dafür und hebe sie ins Licht. Verlange sie von dir und erblicke sie in den andern! Wenn wir für die andern beten, dann bitten wir Gott nicht um irgendwelche Gaben für sie; wir bitten darum, daß sein Geist sie erleuchte, damit sie das erkennen, was bereits da ist. Es ist immer richtig, für einen andern zu beten, wenn wir darum bitten, daß das Vollkommene, das in ihm ist, ans Licht gebracht werde. Jedem Menschen ist das Streben nach Vollkommenheit angeboren.

Dabei lernen wir auch, daß es nicht Pflicht, sondern höchstes Vorrecht ist, unsere Feinde zu lieben und für die zu bitten, die uns beleidigen und verfolgen. Denn durch die Liebe zu ihnen bekennen wir uns zu dem Höchsten, das in uns ist, und zugleich helfen wir ihnen, von ihren negativen und zerstörenden Gefühlen frei zu werden. Liebe und nicht Mitleid ist der Weg zur Befreiung. Das Mitleid findet sich mit dem gegebenen Zustand ab, aber die barmherzige Liebe versteht und entbindet von aller Schuld.

Das Wunder des Menschengeistes ist seine Fähigkeit, eins zu werden mit dem höchsten Geist. Vor Jahren hat Evelyn Underhill dies in der schönsten Weise ausgesprochen: „Wie wunderbar, daß unser kleiner Geist, der selbst nichts Ursprünglich-Schöpferisches ist, doch in einer demütigen freiwilligen Vereinigung mit der Quelle unseres Daseins und all unserer Kräfte sich zum Werkzeug der göttlichen Liebe und Erlöserkraft entwickeln kann . . . Nur in der Sphäre des Gebets kann er emporwachsen aus der engen Ichheit zu einer Persönlichkeit, die Gott ganz in seinen Dienst nehmen kann für ein Ewigkeitswerk auf ewigem Grund. Das ist das Heilige – die Vollendung einer schöpferischen Persönlichkeit, die die Werke Gottes im Leben zu fördern vermag."

Von Oktober bis April reisen wir durch die Vereinigten Staaten von Küste zu Küste. In den größeren Städten besuchen wir die bestehenden Gebetsgruppen. Charakteristisch für diese Gruppen ist ihre Fähigkeit, sich über theologische Unterschiede völlig hinwegzusetzen. Sie haben kein Interesse mehr an den trennenden Fragen der Schriftauslegung, sondern suchen mit tiefem Ernst und Eifer nach dem, was uns innerhalb unserer christlichen und demokratischen Überlieferung auf der höchsten Stufe vereint – der Vollkommenheit, die in dem Menschen Jesus von Nazareth sichtbar geworden ist.

Diese Gruppen sind nicht nur überkonfessionell, sie kennen auch keine Rassen- und Klassenunterschiede. Denn sie sind durchdrungen von dem Glauben an die Würde des Menschen und bereit, jedes Opfer zu bringen für ein Gemeinschaftsleben, das seine Aufgaben für die nächste Phase der Menschheitsentwicklung klarer erfaßt hat. Sie gleichen denen, die vorher nur vom Tal aus die Höhen erblickt hatten und nun auf vielen verschiedenen Pfaden dem Gipfel näher gekommen sind, um zu entdecken, daß alle Wege zusammenlaufen, wenn man sich dem Ziel nähert.

In einer Flugschrift: "Collaboration with Eternity" (Mitarbeit an den ewigen Dingen) meint Glenn Clark, der *Raum* sei heute so zusammengeschrumpft, daß wir wie „in einem großen Park leben, der täglich kleiner wird". Aber er glaubt, daß für eine sichere und zuverlässige Überwindung der *Zeit* noch nicht die Voraussetzungen gegeben seien. Nur die, welche durch Beharrlichkeit die höchsten Gipfel des Gebets erklommen haben, erlangen eine klare innere Schau von dem, was vor uns liegt.

Eines Tages muß die Zahl dieser kleinen Gruppen so zunehmen, daß sie die ganze Menschheit umfaßt. „Die in einer kleinen Minderheit verborgene sittliche Vollkommenheit wird einst in der großen Mehrheit aufblühen. Ebenso wird es mit der von Christus ausstrahlenden weltumfassenden Erkenntnis und Liebe geschehen. Das einzige, worauf es ankommt, ist unser ehrliches Bemühen ... Die Seelen, welche während ihres irdischen Lebens der Vollendung näher gekommen sind, indem sie den Kampf zwischen Fleisch und Geist in sich selbst auskämpften, sind Sieger über das Irdische. Sie allein repräsentieren die nächste Entwicklungsstufe als Vorläufer eines künftigen höheren Menschentums."
Dieses Zitat stammt nicht etwa aus der Feder eines großen Theologen, sondern aus der eines großen Naturwissenschaftlers, Lecomte du Nouy.

Die großen Umwälzungen in der Welt, von Mexiko bis China, haben sich auf dem Gebiet der Landwirtschaft vollzogen: weittragende Agrarrevolutionen, die aus dem Landhunger der Menschen erwuchsen. Das ist sehr bedeutsam. Hinter dem Hunger nach Landbesitz steht das Verlangen nach der Sicherheit und Geborgenheit, die das erdverbundene Leben dem Menschen immer bedeutet hat; denn ein der Natur nahes Leben heißt der Schöpfung und Gott nahe sein.

Die nächste große Phase der Menschheitsentwicklung führt uns aus dem Reich des Stoffes in das Reich der Seele und des Geistes.
Der menschliche Organismus hat das ihm gesetzte Ziel erreicht: die Entwicklung eines Einzelwesens, das zu denken und sich zu erinnern fähig ist und sich dadurch die Erfahrungen aller früheren Generationen zunutze machen kann. Diese Entwicklung geht nun weiter unter der Mitwirkung des Menschen selber. Durch die Überwindung des Raumes und der Zeit wird sie um viele Jahrhunderte verkürzt. Das Individuum braucht nicht mehr jahrtausendelang Erfahrungen zu sammeln, um sich seiner Umwelt anzupassen. Heute ist es möglich, die Erfahrungen aller gegenseitig auszutau-

schen und aus den Irrtümern vergangener Generationen zu lernen.

Im Menschengeist entwickelt sich allmählich das Bewußtsein, daß nur aus gemeinschaftlichem Bemühen, frei von jedem Streben nach persönlichem Vorteil, frei von engem Nationalgefühl, ein neues Menschentum erwachsen kann. Man denkt nicht mehr in erster Linie an die Opfer, die dafür zu bringen sind. Sie werden von uns verlangt und müssen gebracht werden. Dies kann aber freiwillig im Geiste einer Leistung für die Zukunft geschehen und braucht nicht den Sinn des Verlustes oder der Entbehrung zu haben.

Durch das Forschen nach tieferer Selbsterkenntnis lernen wir auch unsere Mitmenschen besser verstehen. Wenn wir uns von Jesu Lehre ganz durchdringen lassen, dann werden wir das Einende in unsern verschiedenen Glaubensrichtungen viel stärker betonen als das Trennende, und so kommen wir einander näher und Gott näher. Das Wort Jesu: „Mein Vater wirket bisher und ich wirke auch" erhält eine neue tiefe Bedeutung für uns.

Wir erkennen, daß die Zukunft des Menschen und der ganzen Welt von unserm Glauben und unserer Überzeugung abhängt, daß die sittlichen Werte wesentlicher sind als alle andern. Das höchste Sittengesetz macht uns das Aufgeben unseres engen, kleinen Ich zur Pflicht. In diesem Beiseitesetzen des eigenen Ich sehen wir die ungeheure dynamische Kraft der Lehre Jesu. Sie zeigt uns ein Ideal, das wir intuitiv als das uns vorgesetzte Ziel erkennen. Diesem Ideal sind wir noch nicht näher gekommen, weil wir es nicht vermocht haben, uns immer als Gottes Kinder und Gottes Mitarbeiter zu fühlen. Denn wir sollen ja mithelfen, seinen Willen und sein Reich aus dem Himmel höherer Bewußtheit auf die Erde zu bringen und hier sichtbar zu verwirklichen.

10. Gib deiner Welt einen neuen Namen!

Wie ist es möglich, aus unserer wissenschaftlichen Erkenntnis und unseren gesammelten Glaubenserfahrungen eine neue Welt zu bauen? Sind wir nicht heut an den Punkt gekommen, wo es notwendig wird, unsere Welt neu zu benennen und neu zu schaffen? Hat die Menschheit überhaupt noch eine Wahl? Müssen wir nicht fürchten, daß unsere Welt in unheilvollster Weise sich für uns umgestalten wird, wenn wir sie nicht neu gestalten? Wir werden sie sonst später aus Trümmern wieder aufbauen müssen.

Wir täten gut daran, diesen Fragen ehrlich ins Gesicht zu sehen und darüber nachzudenken. Neutestamentliche Forscher haben erklärt, daß diese Neuerschaffung und Neubenennung unserer Welt zum Bestandteil der Lehre Jesu gehöre. Ungeheures steht auf dem Spiel, und wir sind überzeugt, daß der Meister uns auch heute aus unserer Untätigkeit und Gleichgültigkeit aufrütteln würde mit denselben Worten, die er in alter Zeit gesprochen hat, jenen machtvollen Worten voll dynamischer Kraft.

Wir haben noch gar nicht damit begonnen, das, was er uns lehrte, zu verwirklichen. Wir müssen erst einmal einen Anfang damit machen, in die Wahrheiten, von denen er sprach, auch nur oberflächlich einzudringen, und den Verheißungen, die er uns gab, Glauben zu schenken. Er hat uns die Zusage gegeben: „Ihr werdet noch größere Werke tun, wenn ihr in mir bleibet und ich in euch." Und doch fürchten wir uns, danach zu handeln, ja, auch nur es auszusprechen. Wir wagen es nicht, den Menschen zu sagen: „Hört diese gewaltige Botschaft und glaubt an sie." Warum fürchten wir uns? Wovor? Daß wir nicht imstande sind, diesen Verheißungen und diesem Glauben gemäß zu leben? Fürchten wir, uns lächerlich zu machen oder die Antwort zu bekommen: „Damit kommt man nicht weiter" – oder:

„Sie haben für den und den gebetet, und es hat nichts genützt?"

Wenn ihr euch davor fürchtet – warum? Jesus betete für die Aussätzigen, und alle wurden für den Augenblick geheilt, aber nicht alle blieben gesund. Meinen wir, daß seine Kraft nicht für jeden von ihnen ausgereicht hätte? Hat er oder Gott versagt? Die göttliche Liebe hatte jeden einzelnen von ihnen durchdrungen, also muß das Versagen bei ihnen gelegen haben. Wir, Gottes Kinder, wir versagen.

Wenn wir überhaupt leben wollen, dann müssen wir lernen, in seiner Gesinnung zu leben. Wir müssen die richtigen Worte sprechen lernen. Denn aus unserm Mund kommt alle Erfüllung und alle Vernichtung. Die Zunge ist ein machtvolles Organ. Im Herzen, das im Alten Testament noch nicht mit dem Wort „Unterbewußtsein" bezeichnet wurde, weil man dieses damals noch nicht kannte, hatte alles bewußte Handeln des Menschen seinen Ursprung. „Wes das Herz voll ist, des gehet der Mund über." – „Behüte dein Herz mit allem Fleiß, denn daraus gehet das Leben." – War hier nicht das Unterbewußtsein gemeint? Denn was dort verborgen ist in den Tiefen unsres Glaubens, bestimmt, wenn es ins Bewußtsein tritt, unsere Taten wie unsere Worte. „Aus deinen Worten wirst du gerechtfertigt werden und aus deinen Worten wirst du verdammt werden."

Nur wenn wir unser Herz, bzw. unser Unterbewußtsein, durch positive Gedanken in Zucht genommen haben, wird unsere Welt eine positive werden. Dann können wir alles Negative überwinden, das uns heute umgibt und mit Zerstörung bedroht. Und erst dann können wir uns aufmachen und den Höhen der Erkenntnis zustreben, auf denen Jesus Christus lebte.

Es ist nicht leicht, diese Lehren weiterzugeben. Die Menschen sind voller Vorurteile, und manches daran widerstrebt ihnen. Das ist sehr schade, denn es handelt sich dabei um Dinge, die zu unserer christlichen Überlieferung gehören, und die uns nur verlorengegangen sind. Andere Einflüsse haben sich unser bemächtigt, und wir haben eine Sprache der Bedenklichkeit und Verneinung angenommen. Ich pflege manchmal zu sagen: Gib dem Geist der Verneinung einmal Urlaub. Versuch es mal einen Tag lang. Du wirst sehen, wie oft du dich verbessern mußt, wenn du etwas geltend machst, das nicht positiv ist. Wenn wir in den Worten Jesu Christi bleiben und seine Worte in uns bleiben, dann muß das, was wir sagen, positiv sein. Denn er hat niemals etwas Negatives gesagt. Seine Worte waren immer Aufrufe zum Handeln. „Gehe hin", „Siehe", „Strecke deine Hand aus", „Stehe auf", „Wandle". Es waren stets Worte der Kraft und der Tat, die etwas in Bewegung brachten; niemals waren sie theoretischer Art.

Nur einmal hat er etwas Nicht-Positives ausgesprochen, und man hat den Eindruck, daß jener Zwischenfall entweder nicht ganz verstanden oder ungenau berichtet worden ist. Ich meine das Gleichnis vom Feigenbaum. Kann man sich vorstellen, daß der Meister den Feigenbaum eingehen ließ, weil er keine Frucht brachte? Hat unser Herr nicht seinen Jüngern etwa das sagen wollen: „Seht, ich will euch zeigen, daß die Gesetze, mit denen wir uns beschäftigt haben, und die ich Tag für Tag anwende, auch im umgekehrten Sinne gelten. Sie sind im negativen wie im positiven Sinne wirksam. Ich kann diesen Feigenbaum verfluchen, und er wird sterben. Wenn wir heut abend auf dem Rückweg hier wieder vorbeikommen, wird er verdorrt sein." Und so geschah es dann auch.

Ja, das Gesetz wird auch in seiner Umkehrung wirksam sein, gerade so wie ein Automobil sich durch dieselbe Kraft vor- oder rückwärts bewegen kann, wenn ein anderer Gang eingeschaltet wird. Das, was du als das Wesentliche siehst, wird dich je nachdem erheben oder vernichten. Wir gestalten unsere Welt nach dem Namen, den wir ihr geben, und ebenso unser Leben, obgleich mancher das noch nicht weiß.

Wir beanspruchen für uns, was wir wünschen, und wir erhalten, was wir fordern. Wenn uns das zum erstenmal gesagt wird, kränkt es uns, weil uns selber damit die Last der Schuld auferlegt wird. Wenn man nicht mehr eine personifizierte Macht des Bösen für alles verantwortlich machen kann, was soll man dann tun? Wir können uns nirgends mehr verschanzen, wenn der Teufel einmal aus dem Bilde verschwunden ist und uns die eigene Schuld nicht mehr abnimmt. Denn wir haben uns immer hinter dem Gedanken versteckt, daß eine böse Macht die Macht des Guten bekämpft und uns nicht die Freiheit läßt, dauernd im Licht der göttlichen Liebe zu leben. Die Menschen haben sich von dieser Macht des Bösen mehr oder weniger abhängig gefühlt, daher erschien es ihnen unmöglich, immer im schöpferischen Sinne zu handeln. Sie blieben in ihrem Versteck und wollten sich nicht ihrer Aufgabe stellen.

Heute müssen wir wieder – oder vielleicht zum erstenmal – zu dem Glauben kommen, daß es nur *eine* Macht gibt – die Macht Gottes oder des Guten. Es kann keine andre geben. In der Bibel wird uns überall gesagt, daß wir keinen andern Gott neben Ihm haben sollen, und doch glaubt der Mensch instinktiv an das Böse und hält es für ebenso mächtig wie das Gute.

Es gibt freilich Umkehrungen des Guten; vieles erscheint uns als sein Gegenpol; und das ist richtig. In diesen völligen Umkehrungen des Guten wirkt dieselbe Kraft, nur in umgekehrter Richtung. Es ist wie bei den negativen und positiven Erscheinungen der Elektrizität. Hier wissen wir, daß eine einzige Kraft sich in zweierlei Wirkungen äußert, und wir wissen auch, daß es uns weh tut, wenn wir über den negativen Pol hinausgehen. Der negative Pol stellt das Böse dar, im Gegensatz zum positiven Pol, dem Guten. Gewöhnlich glauben wir, daß wir uns nur bei der Berührung oder Überschreitung des negativen Pols, d. h. des Bösen, verletzen; aber bei näherer Überlegung sehen wir, daß es uns beim Überschreiten des positiven ebenso ergeht, obgleich der positive Pol das Sinnbild des Guten ist.

Nichts kann uns wohl so viel Leiden bringen wie ein eigenwilliges Nichtbeachten der göttlichen Führung, wenn wir uns weigern, uns dem Strom der göttlichen Weisheit anzuvertrauen und statt dessen dagegen anzusteuern versuchen. Dann überschreiten wir den positiven Pol und müssen dafür leiden, – aber nicht durch die Macht des Bösen. Wir können nicht das Gesetz der Schwerkraft ausschalten, wenn wir aus einem Fenster des zweiten Stocks hinaustreten – ebensowenig können wir die göttlichen Gesetze durchbrechen. Sind wir ihnen ungehorsam, dann müssen wir es büßen. Das, was uns zustößt, haben wir uns durch unsern Mangel an Einsicht selbst zuzuschreiben. Dazu gehört in erster Linie die Verständnislosigkeit dafür, welche Macht unsere Worte haben. Durch die Fesseln unserer eignen Annahmen haben wir uns selbst gebunden.

Denkt an alle die Worte, die wir aussprechen! Denkt an die Vorstellungen, mit denen wir uns belasten!

Allgemein wird angenommen, daß man sich eine Ansteckung holt, wenn man in die Nähe eines Bazillus gerät. Nicht etwa, daß Bazillen unwirklich wären! Für viele Menschen besitzen sie eine stärkere Wirklichkeit als Gott. Wir haben die Wissenschaft zum Gott gemacht, so sehr, daß wir sozusagen die Naturgesetze anbeten und fester an sie glauben als an das Gesetz Gottes. Wir sagten früher schon, daß die Bazillen erst in zweiter Linie kommen. Wenn sie die Hauptursache der Krankheit wären, könnte niemand ihnen entgehen. Eine Epidemie würde dann alle dahinraffen, die ihren Weg kreuzen. Aber das ist nie so gewesen, nicht einmal in den Pestzeiten des Mittelalters. Immer gab es Menschen, die sich nicht ansteckten, und es waren nicht immer die besonders lebenskräftigen; unter den Opfern befanden sich auch die Stärksten. Unsere Widerstandskraft ist nicht nur abhängig von der körperlichen Konstitution. Ist es die Kraft des Geistes, auf der die Abwehrkraft des Körpers beruht? Das Bewußtsein, das uns über die Gesetze der Welt des Stoffes erhebt, macht uns immun. Wir schreiten hinüber von einer tieferen zu einer höheren Ebene, auf der die Gesetze der tieferen Ebene nicht mehr gelten.

Die Naturwissenschaft selbst gibt uns heute Antwort, und es ist auch die Antwort Jesu, die er selbst lehrte und lebte. Wir finden sie in der Entdeckung der Gesetze der Wellenmechanik, die in der subatomaren Welt ihre Geltung haben. Lecomte du Nouy schreibt darüber: „Wir müssen zwischen den beiden heute noch getrennten Welten (der atomaren und der subatomaren) die Brücke finden; zwischen der Welt der Moleküle und der dahinterliegenden Welt der Elektronen, Protonen und Neutronen, die unzweifelhaft der ersteren zugrunde liegt, aber anderen Gesetzen folgt."

Die beiden Welten, von denen Jesus sprach – die sichtbare und die unsichtbare –, sind ganz verschiedenen Gesetzen unterworfen. „Selig die Ohren", schrieb Thomas a Kempis, „die das leise Wehen des göttlichen Geistes vernehmen und auf das Geräusch dieser Welt nicht achten!"

Es gibt Menschen, die sich durch die Furcht vor Ansteckung nicht mehr stören lassen, weil sie wissen, daß es ein höheres Gesetz der Immunität gibt, welches das der Ansteckung aufhebt. Wir leugnen nicht dies Gesetz; wir sagen nur, daß wir uns ihm nicht zu unterwerfen brauchen. Wir haben nichts mit dem Negativen zu tun, nur mit dem Positiven, daher haben wir keine Furcht. Als frühere Ärztin weiß ich, wie stark der allgemeine Glaube an die Wirkung der Bazillen ist, und ich bin deshalb erstaunt, wie aufgeschlossen man ist gegenüber den neuen Erkenntnissen auf diesem Gebiet. Wir verwerfen die Gebote der Hygiene keineswegs, sondern gehorchen ihnen. Aber in bezug auf unsere Immunität berufen wir uns auf ein höheres Gesetz.

Es erscheint uns als Gipfel menschlicher Torheit, etwas für sich zu beanspruchen, das man nicht wünscht. Wenn man z. B. stark sein möchte, warum nimmt man dann Tag für Tag diesem Wunsch die Kraft, indem man die eigene Schwäche betont? Folgende Sätze entnehme ich dem Buche eines Freundes:

„Besonders erinnere ich mich eines Mädchens, einer sehr liebenswerten Persönlichkeit, die es aber leider vorzog, in sich hineinzuwachsen statt aus sich heraus. In dem immer enger werdenden Kreise ihrer Gedanken spielte sie wieder und wieder dieselbe Platte herunter, indem sie fast automatisch immer die gleichen Sätze wiederholte: „Ich kann nicht – ich bin nicht kräftig genug – das Leben ist so schwer – der Arzt sagt – ich habe das nie gekonnt – Mutter hat mir das immer gesagt – ich habe alles getan, was ich konnte."

„Wie traurig ist es, wenn wir mit ansehen müssen, daß ein Mensch sich der Diktatur seines eingekerkerten Ich so völlig unterwirft. Die beständige Wiederholung von Sätzen, die nur schädigend wirken können, führt zu Übertreibungen, zu vermehrtem Leid und gewöhnlich zu noch größeren Schwierigkeiten. Bei all unserm Verlangen, diese Hemmungen wegzuräumen, müssen wir doch leider sehen, daß man das für einen andern nur selten fertig bringt. Man kann mit dauerndem Erfolg ein anderes Leben nicht befreien. Das muß der Kranke selbst tun, je mehr ihm das Verständnis für den Wert des Lebens aufgeht und die in ihm liegenden Möglichkeiten des eigenen Erringens."

Thomas a Kempis schrieb: „Wisse, daß die Eigenliebe dir mehr Leid bringt als alles andere auf der Welt. Mit ihr wirst du überall ein Kreuz tragen. Wenn du deinen Eigenwillen und deine Lust suchst, wirst du niemals ruhig und sorgenfrei sein, denn überall wird dir irgend etwas fehlen."

Wer waren die Dämonen, von denen Jesus so viel sprach und denen er befahl, aus den Menschen auszufahren? Glaubt ihr, daß es körperlose Geister waren, die in einen Menschen fuhren und von denen er besessen war? Ob es sich nun um körperlose Gespenster oder um Anfechtungen handelte – jedenfalls bedeuteten sie durchaus eine Realität. Wenn man Jesu Verhalten gegenüber der Krankheit mit seinen Befehlen an die Dämonen in Beziehung bringt, dann ahnt man, was mit ihnen gemeint sein könnte.

Es ist immer wieder verlockend zu beobachten, wie er sich der Krankheit gegenüber verhielt. Als er zur Hütte des Petrus kam, in der dessen Schwiegermutter krank am Fieber lag, tadelte er das Fieber, nicht die Kranke. Es war wie ein Vorwurf: wie kannst du es wagen, hier zu sein und in diesen Körper einzudringen? Du bist am falschen Platz und gehörst nicht hierher!

In gleicher Weise befahl er den Dämonen, aus einem „Besessenen" auszufahren und niemals wiederzukommen. Galt seine Zurückweisung dem dämonischen Glauben an eine Macht, die ein Kind Gottes in ihrem Bann halten konnte? War es dieser Glaube, dem er befahl „auszufahren"? Er hat gesagt, daß er uns die Wahrheit zeigen wolle, die uns frei macht; und er hat sie nicht nur gelebt, er ist dafür gestorben.

Diese Wahrheit, – war es nicht die Existenz einer das ganze Weltall erfüllenden Macht, die größer ist als alle anderen? Für ihn war es die Macht der Liebe, und er lehrte uns: wenn wir in dieser Liebe blieben und Worte der Liebe sprächen, dann würde alles um uns her mitschwingen in der Harmonie und dem Rhythmus des Lebens.

Sprichst du nur Worte der Versöhnung, des Einklangs und der Liebe, dann wird die Kraft der Gottesliebe dich ununterbrochen durchströmen und dich immer neu stärken. Je mehr wir von unserm Selbst dahingeben, desto mehr werden wir durchflutet vom Leben des Alls und erfahren eine unaufhörliche Erneuerung unserer Kräfte. Es geht uns wie der Hirtin, die die Götter des Olymps tränkte, als sie noch auf Erden wandelten. Jedesmal, wenn sie aus ihrem Krug getrunken hatten, füllte er sich neu mit Milch.

Wenn wir dagegen Worte des Mißklangs, des Widerstreits, des Hasses und des Grolls aussprechen, wird uns etwas von unserer Lebenskraft genommen.

Wir müssen wachen und beten und über das wachen, was wir beten: und auch, wenn wir nicht beten, über die Worte wachen, die wir aussprechen. Auch wenn wir gelernt haben, nicht zu hassen oder nachzutragen, nicht zornig und neidisch zu werden, haben wir meist doch noch nicht gelernt, über uns selbst und unsere Welt positive Worte zu sagen. Wir müssen lernen, daß keine Weisheit darin liegt, Dinge für uns zu beanspruchen, die wir nicht wünschen.

Aber – wird man sagen – ich kann mich doch nicht selbst belügen! Wenn ich Schmerzen habe, dann habe ich eben Schmerzen. – Das ist wohl wahr; aber es ist auch wahr, daß du dich nicht zu belügen brauchst. Du kannst wahr gegen dich sein, und es ist die Wahrheit: solange du dich auf deine Schmerzen oder deine Schwäche und Gehemmtheit berufst, ist so leicht keine Kraft fähig, sie zu überwinden oder dir bei ihrer Überwindung zu helfen.

Wenn du das Negative nicht willst, mußt du das Positive für dich in Anspruch nehmen. Es ist immer das Stärkere. Wenn wir die Macht der Worte erst einmal begriffen haben, werden wir nicht mehr Worte der Disharmonie und der

Krankheit sprechen, sondern nur Worte der Gesundheit und Harmonie. Das Gesetz der Harmonie ist das Gesetz der Liebe, und das Gesetz der Liebe ist das Gesetz Gottes. Das Licht wird immer das Dunkel überwinden, kann aber selbst nie vom Dunkel verschlungen werden. Worte sind schöpferisch, d. h. Worte der Harmonie schließen zusammen und schaffen Einheit durch Stärke. Worte des Mißklangs trennen, was verbunden war, wirken zersetzend und können zerstören. Wir müssen uns entscheiden zwischen dem schöpferischen und dem auflösenden Gesetz. Noch heute müssen wir unsere Wahl treffen, wem wir dienen und was für eine Welt wir uns schaffen wollen – die des ersten Kapitels der Genesis oder die des zweiten.

Wie verhalten wir uns zu der Frage: Könnte es nicht Gottes Wille sein, daß ich leiden soll?

Wenn du glaubst, daß Gott dir Leiden schickt, um dich zu prüfen, dann siehst du es richtig. Glaubst du aber wirklich, daß es Gott ist, der dich leiden läßt, mit welchem Recht gehst du dann immer wieder zum Arzt? Hast du darüber einmal nachgedacht? Willst du denn, daß jemand dich gesund macht oder dir deine Schmerzen erleichtert, wenn du meinst, daß du sie nach Gottes Willen ertragen sollst? Bist du dann nicht dem göttlichen Willen ungehorsam?

Es gibt Menschen, die glauben, sie müßten ganz arm sein, um in der Gesinnung Christi zu wachsen. Eine hervorragende Frau wie Muriel Lester gab ihr wunderschönes Heim auf, um im Osten von London in großer Armut zu leben, weil sie diesen Schritt als notwendig für ihre Entwicklung empfand. Ebenso war es für Kagawa ein inneres Bedürfnis, mit den Ärmsten der Armen zusammen im elendesten Stadtviertel Kobes zu wohnen. Für einige Wenige mag das nötig sein, für die meisten von uns nicht unbedingt.

Wenn wir erfahren, daß in unseres Vaters Haus alles in Fülle vorhanden ist, werden wir nicht mehr unsern Besitz ängstlich festzuhalten suchen, und der Besitz wird uns nicht mehr festhalten können. Dann werden wir zu Haushältern unsrer Güter und können frei mit ihnen schalten. Wir nehmen, empfangen und geben, und so ist es ganz in Ordnung; dann ist niemand gebunden und niemand wird festgehalten, und wir brauchen weder den Mangel an Geld noch die Last des Geldes zu fürchten.

Und so ist es auch mit der Krankheit. Sie besitzt keine Macht über uns, außer der Macht, die wir selbst ihr geben. Bist du ganz gewiß, daß Gott uns Krankheiten schickt? Gott kennt weder Unrecht noch Mißklang. Er ist Liebe, Freundlichkeit, Güte, Verstehen und Mitgefühl. Jesus sagte einmal: „So denn ihr, die ihr doch arg seid, könnt dennoch euren Kindern gute Gaben geben, wieviel mehr wird euer Vater im Himmel Gutes geben denen, die ihn bitten!"

Gott ist Leben. Wie könnte das Leben jemals etwas Geringeres erschaffen als sich selber? Unser Weltall ist erfüllt von Leben. Der Urstoff des Alls selbst ist Leben. Was trennt uns dann vom Leben außer unseren negativen Aussagen und Meinungen? Schon vor vielen Jahren war es die Überzeugung Herbert Spencers, daß „der Mensch immer einer räumlich und zeitlich unendlichen Energie gegenübersteht, die der Ursprung aller Dinge ist".

Mitten in den Garten Eden pflanzte Gott den Baum des Lebens, von dem der Mensch so viel essen durfte, wie er wollte; aber es wurde ihm verboten, von dem Baum der Erkenntnis des Guten und des Bösen zu essen, weil er sonst sterben würde. Die Schlange belehrte ihn, daß er mitnichten sterben würde. Er starb auch nicht; er verlor nur die Fülle des Lebens.

Immer versuche zu sagen: „Im Namen Jesu Christi und in der Kraft seiner Liebe vermag ich alles." Paulus war überzeugt, daß er aus sich selber nichts tun könne, aber er wußte: „Ich vermag alles durch den, der mich mächtig macht, Christus." Vielleicht war Paulus manchmal so sehr beschäftigt mit der Gründung neuer Gemeinden und dem Aufbau einer großen Organisation, daß er es versäumte, sich dem Ursprung seiner Kraft immer wieder zuzuwenden, um in ständiger Berührung mit jenem unendlichen Leben zu bleiben, das ihm dauernd vollkommene Gesundheit verliehen hätte. Als er dann aufs Krankenlager niedergeworfen wurde, kehrte er im Geist zurück zu dem, was er zuvor erfahren hatte, und wurde vom Geist Christi erneuert, so daß er sich von seinem Bett erhob und zum Erstaunen aller seine Arbeit wieder aufnahm.

Wenn dich morgen jemand fragen würde: „Wie geht es dir?" – wärest du dann bereit zu sagen: „Ich bin stark im Herrn und in der Macht seiner Stärke" – und glaubst du es auch? Die meisten Christen hätten gar nicht den Mut dazu und würden nicht einmal wünschen, solch eine Aussage zu machen.

Da stehen wir nun, ausgerüstet mit der größten Kraft und den höchsten Verheißungen, die uns Menschen überhaupt gegeben werden können; vor uns liegt die Zukunft, erfüllt von dem, was kein Auge je gesehen und kein Ohr je gehört hat. Für die, welche Gott lieb haben, liegt das alles bereit – und doch zögern wir, weil wir fürchten, man könnte uns für sonderlich halten. Versuche, einen Tag lang, die Dinge nur positiv zu sehen! Versuche, nicht einen einzigen Satz auszusprechen, der nicht von dem positiven Ton der Worte Jesu durchdrungen ist! Dann werden die andern etwas Neues von dir ausstrahlen sehen, das auch in deinem Körper zum Ausdruck kommen wird.

Auf den Gesichtern der ersten Christen lag das Leuchten der göttlichen Herrlichkeit. Bei Tage wagten sie es kaum, durch die Straßen zu gehen, weil man sie leicht in der Menge ergreifen und in die Arena schleppen konnte. Wo ist dieses Leuchten geblieben; warum haben wir es verloren? Wer hat es uns genommen? Wer hat uns unser Erbteil geraubt? – Niemand als wir selbst. Wir sind die Diebe und Räuber – wir sind die Schuldigen.

O ihr Lieben, laßt uns in dieser Zeit der großen Not um den Mut und die Kraft beten, gebieterische Worte zu sprechen, hinter denen die Liebe und Vollmacht Jesu Christi steht! Wir haben nichts aus uns selbst. Sagte nicht auch Jesus, daß er aus sich selber nichts tun könne, sondern daß es der Vater sei, der durch ihn wirke? So sollten auch wir in diesem Namen und aus dieser Vollmacht und mit der Kraft des Heiligen Geistes, die uns trägt, zu den Menschen sagen können: Stehe auf und wandle! – Strecke deine Hand aus und sei geheilt!

Deutete Jesus mit diesen letzten Worten nicht an, daß jenem Manne körperlich nichts fehlte, daß nichts in ihm zerstört oder tot war?

Wir wissen, daß unser physischer Leib nichts Abgestorbenes in sich duldet, und sei es der kleinste Holzsplitter. Der Körper stößt ihn wieder aus. Wenn du etwas ißt, das sich der Organismus nicht einverleiben kann, so gibt er es gleich wieder von sich. Im äußersten Falle wird der Fremdkörper in eine Wand oder einen Sack eingeschlossen, so daß er nicht frei in der Blutbahn kreist und dort Unheil stiftet; aber der lebendige Organismus duldet nicht, daß irgendein Totes in ihm bleibt. Glaube also niemals, daß du tote Nerven, tote Zellen oder sonst irgend etwas Totes in dir hast; sie sind vielleicht eingeschlafen, aber sie sind nicht tot. Wenn sie auch nur eine Spur wach sind, so sind sie doch lebendig, und weil sie lebendig sind, kann das Leben in ihnen gesteigert werden.

Wenn das göttliche Leben die Zellen berührt und sie durchströmt, dann wacht das Leben auch in ihnen wieder auf. Jesus gab uns die Vollmacht, zu diesen schlummernden Zellen wie zu dem Töchterlein des Jaïrus zu sprechen: „Werdet wieder lebendig, wacht auf!" Denn sie sind nicht tot, sie schlafen nur.

Wenn ein krummer Rücken wieder gerade wird, wenn scheinbar gelähmte Muskeln sich plötzlich mit neuer Kraft bewegen – sei es durch das Gebet, ein ausgesprochenes Wort oder die heilende Hand –, dann sehen wir die Kraft Gottes am Werke. Wenn eine Frau mit einem gelähmten, schlaff herabhängenden Arm plötzlich fähig ist, ihn über ihren Kopf zu heben, dann wissen wir, daß die Vorstellung, die sie gefesselt hatte, durch die Glaubensgewißheit derer, die für sie beteten, ihre Macht über sie verlor. Dies sind nicht Wunder in dem Sinne, daß ein Gesetz hier durchbrochen wurde, sondern es sind die Auswirkungen eines höheren Gesetzes, das schon lange darauf wartet, von uns erkannt und angewandt zu werden.

Wandle Coués Formel etwas ab und wiederhole ständig: „Es geht mir von Tag zu Tag in jeder Beziehung besser durch die Kraft des Herrn, die mich immer stärker macht."

Tag für Tag kannst du deinen Körper neu aufbauen. Jede Zelle deines Körpers, außer den Geschlechts- und Gehirnzellen, werden, solange du lebst, jedes Jahr erneuert. Warum müssen sie sich immer wieder nach demselben Vorbild erneuern? Weil du selbst das Vorbild nicht änderst. Warum suchst du dir nicht ein neues, nach dem sich dein Körper formen kann? Mache dir ein Bild von dem, was du dir wünschst; halte dir dies vor und nichts anderes. „Erneuert euch im Geist", sagt Paulus, „und zieht den neuen Menschen an, der nach Gott geschaffen ist."

Man hatte Annette Kellerman gesagt, daß sie wegen einer Verbiegung der Wirbelsäule zeitlebens verkrüppelt bleiben und niemals imstande sein werde, so viel zu leisten wie ein normales junges Mädchen. Sie machte sich ein Bild von einer Annette Kellerman, die alle möglichen athletischen und akrobatischen Spitzenleistungen vollbrachte, und ihr Körper formte sich nach diesem Bilde, bis sie in vollkommen ebenmäßiger Gestalt die Weltmeisterschaft im Schwimmen gewann. Nichts kann dem menschlichen Willen entgegenstehen, wenn Gottes Wille dahintersteht, und wenn wir einem schöpferischen Ziel zustreben, das einer immer größeren Vervollkommnung des Lebens dient!

Einer steht vor uns mit ausgestreckten Armen. Er lädt uns ein: „Kommet zu mir und lernet von mir. Ich will euch lehren. Ich will euch alle Dinge offenbaren. Laßt meine Worte in euch bleiben." Wollen wir diesem Ruf gehorchen, dann dürfen wir nicht sagen: „Ich fürchte mich. Ich glaube, ich kann es nicht. Ich sehe keine Möglichkeit." Wie viele von uns gleichen dem Manne in Lukas 6, 6. Wir sitzen da mit einer verdorrten rechten Hand und haben vergessen, daß sie gesund werden wird, wenn wir sie im Dienst des Meisters ausstrecken.

Wir fürchten uns, vor ihn hinzutreten; wir sehen nicht, daß der Arm noch so schwach oder verkrüppelt sein kann und doch, sobald wir ihn im Dienste Jesu ausstrecken, durch Seine Kraft wieder erstarken wird. Keiner von uns ist tüchtig genug, sein Mitarbeiter zu sein. Wir würden uns niemals hinauswagen, wenn wir warteten, bis wir vollkommen fähig dazu wären. Das ist nicht möglich wegen unsrer großen Unvollkommenheit. Aber wir können alle der Arbeit genügen, wenn wir uns im Namen und in der Gesinnung Jesu Christi aufmachen. Man braucht dazu nicht vollkommen zu sein. Jesus erwählte Simon, den Wankelmütigen, den Quecksilbrigen, den Impulsiven, und gab ihm den neuen Namen: Petrus, der Fels.

Laßt euch von ihm neue Namen geben! Laßt euch von ihm zeigen, wie ihr euern Zustand neu benennen sollt! Er kann und wird es tun.

Was ich hier schrieb, ist fest verankert in meinem Leben und in meinen Erfahrungen. Diese brachten mir die unumstößliche Erkenntnis, daß uns heute dieselben wunderbaren Kräfte des Heilens zur Verfügung stehen wie in den Tagen, als Jesus von Nazareth auf Erden wandelte. Ich berichte davon, weil ich selber Zeuge dieser Dinge gewesen bin. Auf Grund meiner eigenen Erfahrungen habe ich dies Kapitel und dies Buch geschrieben.

11. Wir alle sind Gottsucher

(Die Geschichte Hiobs)

Das Buch Hiob ist die Geschichte eines einzelnen Menschen. Aber beim Lesen und Wiederlesen wird einem ganz klar, daß es die Geschichte aller Menschen und ihres Suchens nach Gott ist. Über die Bedeutung des Buches Hiob sind viele dicke Bände geschrieben worden; man hat es als „die Problematik des Schmerzes" und „das Epos des Leidens" bezeichnet; nirgends sind die Forscher sich einig über den tieferen Sinn dieses großen biblischen Dramas. Was wir Mystik nennen, ist im wesentlichen das Erleben des Einswerdens mit Gott. Hiobs Schrei ist der elementare Schrei des in jedem Menschen verborgenen Mystikers: „Wie kann ich Gott finden?"

Zu allen Zeiten hat der Mensch danach gesucht, wie er die Wirklichkeit finden und fassen könnte. Die erhabensten Sittengesetze genügen ihm nicht. Glaubensbekenntnisse, Lehrgebäude, Kultus und Dogma können ihm nur vorübergehend Antwort geben; früher oder später macht sich der Menschengeist von ihnen frei und sucht von neuem nach der Person der Gottheit selbst. Den Menschen verlangt es danach, mit göttlicher Schöpferkraft erfüllt zu werden. Er möchte bewußt das Einswerden mit dem All-Wesen erleben, damit sein sonst so unbedeutendes und alltägliches Dasein sich zu einer sinnvollen Verschmelzung mit allem Sein erheben kann. Dies Bedürfnis wird immer dasselbe bleiben. Browning hat ihm in seinen unsterblichen Versen über Saul Ausdruck verliehen: „Es ist die Schwachheit in der Kraft, nach der ich mich sehne – mein Fleisch, das ich in der Gottheit suche!"

Das Hiobdrama beginnt mit den Worten: „Es war ein Mann im Lande Uz, der hieß Hiob. Derselbe war schlecht

...und recht, gottesfürchtig und mied das Böse." Hier wird uns ein Mensch geschildert, der sittlich gesund war und soziales Verantwortungsgefühl besaß – ein guter Mensch. In diesem Drama will Satan einen solchen Menschen auf die Probe stellen: besitzt er eine tiefere Gotteserkenntnis, oder wird er unter einem harten Schicksal die Gottesidee ganz verwerfen und zum Gottesleugner werden? Dies ist von jeher der Prüfstein für die Menschenseele gewesen in allen Ländern und zu allen Zeiten. E. H. Griggs pflegte zu sagen: „Die letzte Prüfung hat unsre Seele bestanden, wenn wir fähig sind, mitten im Dunkel zu stehen und doch so zu leben, als ob alles hell um uns wäre."

Einen Menschen, der durch Schicksalsschläge verbittert und durch Unglück und Verlust an Gott irre wird; der nach Hilfe schreit und, wenn er sie nicht findet, in Unglauben und Verzweiflung versinkt und das Dasein Gottes leugnet, – einen solchen Menschen hatte Satan im Auge, als er zu dem Herrn sprach: „Recke deine Hand aus und taste an alles, was er hat. Was gilt's, er wird dir ins Angesicht absagen!"

Wie oft finden wir heutzutage jenen äußersten Pessimismus, den Satan bei Hiob voraussetzte; heute, da so unendlich viele alles verloren haben, was ihnen teuer war, und zweifeln, ob es überhaupt einen Gott gibt – oder wenn es ihn gäbe, ob es ein Gott der Liebe und Barmherzigkeit sein könnte! Denn er läßt es ja zu, daß seinen Kindern all dies Schreckliche widerfährt. Es gehört zu dem Allerschwersten, diesen Unglücklichen, die an nichts mehr glauben können, näher zu kommen. Die düsteren Wolken ihrer Verzweiflung werfen ihre Schatten über die ganze Erde.

Hiob wurde von einem Schicksalsschlag nach dem andern heimgesucht. Die Leute von Saba raubten seine Rinder und erschlugen seine Knechte; das Feuer Gottes fiel vom Himmel und verbrannte seine Schafe; die Chaldäer stahlen seine Kamele; ein „großer Wind" warf sein Haus um und tötete seine Söhne und Töchter, als sie beim Mahle saßen. Angesichts dieser Heimsuchungen blieb Hiobs Frömmigkeit unerschüttert. So sprach Satan wiederum zum Herrn: „Recke deine Hand aus und taste sein Gebein und Fleisch an. Was gilt's, er wird dir ins Angesicht absagen!" Und nun wurde Hiob mit bösen Schwären geschlagen vom Scheitel bis zur Sohle.

Selbst seine Frau konnte nicht begreifen, daß er in solch schwerer Trübsal noch an Gott festhielt. Ihr Rat lautete: „Sage Gott ab und stirb!" Hiob tadelte sie jedoch, weil sie redete wie die „närrischen Weiber". Er fragte: „Haben wir Gutes empfangen von Gott und sollten das Böse nicht auch annehmen?" Aber sein Kummer war groß und seine Bestürzung noch größer. „Warum? Warum?" – Sein Aufschrei – es ist der der meisten Menschen, wenn Unglück über sie kommt. Hiobs Frage tönt weiter durch die Jahrhunderte: „Warum hat Gott mir das angetan? Ich habe doch als guter Mensch gelebt." Wieder und wieder lehnt er sich auf: „Ich habe nichts getan, was ich nicht tun sollte. Wofür werde ich von Gott gestraft?"

Dann kommt ihm ein andrer Gedanke. „Denn er ist kein Mensch wie ich, dem ich erwidern könnte, daß wir vor Gericht miteinander kämen. Es ist zwischen uns kein Schiedsrichter, der seine Hand auf uns beide lege." Er fühlt: wir müßten mit Gott sprechen können und Gott müßte mit uns sprechen. „Dann rufe mich, so will ich mich verantworten; oder *ich* will reden, und *du* entgegne mir!"

Seine Freunde konnten ihm auf seine tieferen Herzensfragen nichts erwidern. Der höfische Eliphas, der streitlustige Bildad, der barsche Zophar, und später Elihu, der jüngere, philosophisch veranlagte Freund, – alle kamen sie und setzten sich zu ihm. Sie sprachen Trostworte, ohne ihn zu trösten. Und doch müssen wir diese Freunde Hiobs bewundern. Zunächst, weil sie zu ihm kamen und mit ihm auf der Erde saßen sieben Tage und sieben Nächte lang und nichts mit ihm redeten! Das erscheint uns kaum glaubwürdig, aber so wird es berichtet. Sie hörten alles an, was er zu sagen hatte, ehe sie selbst zu reden begannen: und das ist ja das höchste Zeichen der Freundschaft. Als sie dann sprachen, hatten sie nur die allgemein üblichen Antworten. Aber diese befriedigten ihn nicht.

„Warum gibt Gott dem Mühseligen das Licht, dessen Weg in Nacht verborgen ist und vor dem Gott jeden Ausweg versperrt hat?" fragt Hiob. Was konnten sie darauf erwidern?

Hiob stellt hier eine der tiefgründigsten Fragen, die der Mensch der höchsten Weisheit stellen kann. Er wollte von Gott wissen, warum er uns das Licht der Erkenntnis gibt und uns doch die volle Wirklichkeit vorenthält.

Dieses Suchen nach Gott und der Wirklichkeit führt zu einem qualvollen Ringen in der menschlichen Seele. Hier am Beginn seiner Klagen sah Hiob es noch nicht als eine gesegnete Qual an, die unser Suchen nicht zur Ruhe kommen läßt, bis wir gefunden haben.

Diese qualvolle Ungewißheit steht auch hinter der Bitte an den Mann am Eingangstor des Jahres: „Gib mir ein Licht, damit ich den Weg durch das Dunkel finde." Es ist die Unruhe, die zum Glauben führt; dorthin, wo wir die letzten Worte des Türhüters auch für uns annehmen können: „Lege deine Hand in die Hand Gottes, das ist besser für dich als ein Licht und sicherer als ein dir vertrauter Weg."

Hiob wußte von der Majestät Gottes. In herrlichen Worten rühmt er die Gewalt des Allmächtigen. „Er versetzt Berge, die er in seinem Zorn umkehrt. Er beweget die Erde aus ihrem Ort, daß ihre Pfeiler zittern. Er gebietet der Sonne."

Wie David fragt er: „Wenn ich sehe die Himmel, deiner Finger Werk, den Mond und die Sterne, die du bereitet hast: was ist der Mensch, daß du sein gedenkst, und des Menschen Kind, daß du dich sein annimmst?" (Ps. 8.) David stellt hier die Frage: Wie kannst du, der du unendlich bist, dich um einen sterblichen Menschen kümmern? Hiob seinerseits fragt: Wie kann ich, der ich so gering bin, mit einem so Gewaltigen reden?

Der Prophet Jesaia erklärte: „Siehe, des Herrn Hand ist nicht zu kurz, daß er nicht helfen könne, und seine Ohren sind nicht hart geworden, daß er nicht höre; sondern eure Untugenden scheiden euch und euren Gott voneinander, und eure Sünden verbergen sein Angesicht vor euch, daß ihr nicht gehöret werdet." Als sich seine Freunde über diesen Gedanken weitläufig verbreiteten, antwortete Hiob mit schneidendem Hohn: „Wahrhaftig, *ihr* seid das Volk, mit euch wird die Weisheit aussterben! Ich besitze auch Ver-

stand ebensogut wie ihr: ich stehe hinter euch nicht zurück
... Dem eigenen Freunde muß ich zum Spott dienen, ich, der ich vordem Gott angerufen und auch Erhörung gefunden habe! Zum Spott muß der Gerechte und Fromme dienen!"

Der Fehler Hiobs ist der Fehler aller, die Gott nur mit dem Verstande erkannt haben. Hiobs Logik ist die: ich habe ein frommes Leben geführt und bin allen Vorschriften gehorsam gewesen. Ich weiß, daß es einen Gott gibt, und bewundere seine gewaltigen Werke. Gesündigt habe ich nicht und gebe nicht zu, daß meine eigenen Sünden die Ursache meines Elends sein sollen. – Er denkt nur an grobe Sünden, und hier liegt sein Irrtum. Diese oder jene handgreifliche Sünde hat er nicht begangen; aber die kleinen und verborgenen Sünden sieht er nicht, so wie viele von uns sie nicht sehen. Vielleicht ist sein Gefühl, von Gott getrennt zu sein, die allerverborgenste Sünde. Er hat Gott nicht mit dem Herzen gesucht, sondern mit dem Verstand und der Vernunft, und so läßt er sich nicht finden.

Zophar fragt: „Kannst du den Urgrund der Gottheit erreichen oder bis zur Vollkommenheit des Allmächtigen vordringen? Himmelhoch ist sie! – was kannst du denn erreichen? Tiefer als das Totenreich ist sie! – wie weit reicht denn dein Wissen?" – Wie weit kommen wir mit unserm Verstande?

Viele hundert Jahre später stellte ein andrer großer Dichter die gleiche Frage: Wie weit können uns Verstand und Vernunft in unserm Suchen nach Gott helfen? – Im „Purgatorio" ersteigt Dante mit Virgil Stufe für Stufe den Berg der Läuterung, wo er alles Sehnen und Verlangen der Menschen schaut und ihre inneren Kämpfe, um es zu befriedigen. Er wird Zeuge der qualvollen Enttäuschungen und Rückschläge, die sie erleben, weil sie ihr Herz noch nicht dem Einströmen höherer Weisheit und Kraft geöffnet haben.

Als er mit dem Gefährten die oberste Stufe erreicht hat und nun aufblickt zum Berg der Verklärung, nimmt Virgil von ihm Abschied. Er, der Vertreter des Verstandes und des logischen Denkens, kann ihm fortan nicht mehr Führer sein. Er hat ihm alles gezeigt, was er ihm zeigen konnte. Zum höchsten Gipfel kann er ihn nicht geleiten. Was er weiß, hat er ihn gelehrt. Nun muß Dante allein weitergehen. Virgil entläßt ihn mit dem schönen Segensspruch: „Laß mich dir Krone jetzt und Mitra reichen." Das bedeutet, daß er zu seinem eigenen Kaiser und Papst gekrönt wird: nicht länger untersteht er dem Gesetz. Denn wenn wir an den Punkt gelangt sind, wo wir das Höchste auf die höchste Weise lieben, können wir den Weg selber finden.

In diesem Augenblick schaut Dante nach oben und sieht das wunderbare Antlitz der Beatrice, das ihm das Sinnbild alles Guten, Reinen und Schönen auf der Welt ist. Und, den Blick unverwandt auf Beatrice gerichtet, beginnt er den letzten Flug zur Höhe – zum Reich der intuitiven Erkenntnis, in dem Verstand und Vernunft keine Stätte mehr haben.

Hiob erwacht langsam zu einem höheren Bewußtsein. Er ahnt die Wahrheit, daß Gott uns unmittelbar nahe ist, hat sie aber noch nicht völlig ergriffen. „Aber gehe ich nun stracks vor mich", fährt er in seinem Selbstgespräch fort, „so ist er nicht da; gehe ich zurück, so spüre ich ihn nicht; ist er zur Linken, so schaue ich ihn nicht; verbirgt er sich zur Rechten, so sehe ich ihn nicht." Ein alter Quäker, der diese Stelle mit seinen Schülern las, empfand die Schwäche in Hiobs Bemühungen und meinte: „Hiob, du bist vorwärts und rückwärts gegangen und hast nach rechts und links geschaut. Warum versuchst du es nicht einmal, nach oben zu blicken?"

Viele denken, ein vorbildliches Leben sei alles, was not tue; alles, was von uns gefordert wird, bestehe darin, ein guter Mensch zu sein, – bis eine Krise in unserm Leben zur Feuerprobe unsers Glaubens wird. So wie Hiob erklären auch viele andere: „Siehe da, mein Zeuge ist im Himmel; und der mich kennt, ist in der Höhe." Und dann kommt die blitzartige Einsicht, die ihn zu der letzten Erkenntnis führt: „Ich weiß, daß mein Erretter lebt und sich zuletzt auf der Erde erheben wird. Und auch nachdem diese meine Haut ganz zerfetzt und mein Fleisch zerstört ist, werde ich Gott sehen. Ich werde ihn selber sehen, und meine Augen werden ihn schauen, und zwar nicht mehr als einen Entfremdeten."

Hier liegt das Geheimnis seines Suchens wie all unseres menschlichen Suchens. Ich werde ihn selber sehen; *meine*

Augen werden ihn schauen, und nicht mehr als einen „Entfremdeten". Nicht mit dem Verstand erkennen wir Gott, sondern mit dem Herzen. Und diese Erkenntnis kommt uns nicht durch einen Mittler, sondern aus uns selbst.

In einem theologischen Seminar baten einmal die Studenten einen sehr gelehrten Professor, ihnen den Hirtenpsalm vorzulesen. Er las ihn mit tiefem Gefühl und wunderschönem Ausdruck. Dann wurde von irgend jemand ein ehemaliger Pfarrer gebeten, ihnen diesen Psalm vorzulesen. Auf seinem gütigen Gesicht lag ein inneres Leuchten, als er dieselben Worte mit tiefer Ehrfurcht und Bedeutsamkeit las. Als er geendet hatte, war kein Auge trocken. Später fragte einer der Studenten den Professor nach dem Grund dieser Wirkung. Dieser gab eine ehrliche und bescheidene Antwort. Er sagte zu dem jungen Mann: „Ja, sehen Sie, ich habe die Bibel studiert und weiß alles ü b e r den Hirten, aber unser Freund *kennt* den Hirten!"

Eliphas hatte Hiob den Rat gegeben: „Befreunde dich doch mit Gott und halte Frieden mit ihm!" Aber Hiob hatte Gott nur vom Hörensagen gekannt. Dann versucht Elihu noch einmal, alle Argumente zusammenzufassen, aber seine Rede wird plötzlich unterbrochen, als Gott „aus dem Wetter" spricht: „Wer ist's, der da den Heilsplan Gottes verdunkelt?"

Auf diese Stimme hatte Hiob gewartet. Jetzt wird ihm Antwort, als er endlich die Demut errungen hat, die ihn zu sagen befähigt: „Ich habe gebüßt, ich will nicht übel tun. Hab ich's nicht getroffen, so lehre du mich's besser; hab ich unrecht gehandelt, ich will's nicht mehr tun." Hier beginnt das Ich abzusterben, und das kosmische Bewußtsein entfaltet sich auf Grund der Erkenntnis, daß nur eins nottut: Gott zu finden. Zugleich wird ihm klar, daß nur in ihm selbst das Versagen liegen könne.

Aus dem Wirbelwind zwiespältiger Gefühle und ungestümer Fragen kam jene Stimme zu ihm: „Gürte wie ein Mann deine Lenden; ich will dich fragen, lehre du mich!" Als Gott so spricht, sieht Hiob sich selbst gegenüber der Allmacht Gottes und ruft aus: „Ach, ich bin zu gering! – So habe ich denn im Unverstand geurteilt über Dinge, die zu wunderbar für mich waren und die ich nicht verstand. Nur vom Hörensagen hatte ich von dir vernommen, jetzt aber hat mein Auge dich geschaut." Mit erschütterter Seele erlebt er, wie Gott sich ihm offenbart, und legt sein kleines Ich ganz in Gottes Hände. Er ist nicht länger unmutig, rebellisch oder selbstgerecht in seinem Leiden, sondern läßt alles freudig fahren, weil er die Nichtigkeit alles Irdischen erkannt hat. Seine Schätze legt er nieder in den Staub und gibt alles dahin. Und als er nun völlig Verzicht geleistet hat, kann er ausrufen: „Er kennt meinen Weg wohl. Er versuche mich, so will ich erfunden werden wie das Gold!"

Wenn wir unser Elend und unser Versagen, unsere Enttäuschungen und Trübsale nicht mit Auflehnung, sondern mit dankbarem Herzen auf uns nehmen können, dann werden wir den schweren Weg nicht vergebens gegangen sein. Wie Hiob werden wir erfahren, daß all unsere Leiden uns zum besten dienen.*)

---

*) Anm. d. Übers. Die Zitate aus dem Buch Hiob sind z. T. nach Luther (bzw. dem berichtigten Luthertext in „Das ewige Wort", 1941) wiedergegeben, z. T. nach der modernen Übersetzung von Menge. Maßgebend war nur eine möglichst klare Verständlichkeit des Textes. – Für die berühmte, sehr verschieden übersetzte Stelle Kap. 19, 25-27 (S. 104) mußte noch der im englischen Original gegebene Wortlaut hinzugenommen werden, weil die Verf. ihre Deutung auf ihn gründet.

12. Einer sagte Dank

Im 17. Kapitel des Lukasevangeliums finden wir die Erzählung von den zehn Aussätzigen. Als Jesus in ein Dorf kam, „standen sie von ferne und erhoben ihre Stimme und sprachen: ‚Jesu, lieber Meister, erbarme dich unser!' Er gebot ihnen, sich den Priestern zu zeigen, und auf dem Wege wurden sie gesund".

Einer von ihnen – es war ein Samariter! – kehrte um „und pries Gott mit lauter Stimme und dankte ihm". Jesus fragte: „Sind ihrer nicht zehn rein geworden? Wo sind aber die Neune? Hat niemand Gott die Ehre gegeben, denn dieser Fremdling?" Und er sprach zu ihm: „Stehe auf, gehe hin; dein Glaube hat dir geholfen."

Nur einer dankte. Alle waren geheilt worden – einer kehrte zurück. Dankte er nur für die körperliche Heilung? Dankte er nicht auch für die Taufe des Erwecktwerdens, die seine Seele durch die Heilung erfahren hatte? Er erkannte, daß er etwas Großes und Herrliches entdeckt hatte: den Urgrund des Lebens selbst. Er hatte das Reich Gottes in sich selber gefunden. Nicht nur war er von einem schweren Leiden erlöst worden, sondern zugleich von der Furcht vor jedem Leiden oder Unglück, das ihn künftig treffen mochte. Denn er hatte eine Quelle der Hilfe gefunden, von der er nun wußte, daß sie nie versiegen würde. Das war wahrlich Grund genug zum Danken.

Er brauchte sich auch nicht die Tatsache seiner Heilung durch irgendeine höhere Autorität bestätigen zu lassen, denn er war ihrer gewiß. Er war von neuem geboren worden, aus dem Reich des Fleisches in das Reich des Geistes. Von nun an würde er weiterleben in seinem irdischen Leibe, aber nicht mehr unter dem Gesetz der Materie. Er war frei!

Diese Erzählung enthält eine eindrucksvolle Lehre für diejenigen, die mit großem Ernst körperliche Heilung durch geistige Therapie suchen. Zweifellos kann durch unseren aufrichtigen Glauben einem andern Hilfe und Heilung vermittelt werden; es bleibt aber fraglich, ob die Heilung von Dauer ist, wenn der Geheilte nicht den Weg zum Danken findet, in dem Sinne, in dem es der zehnte Aussätzige tat.

Menschen, die durch das Gebet Heilung suchen, ihren Zustand aber immer wieder durch ärztliche Autoritäten nachprüfen lassen, versuchen, die Gesetze zweier verschiedener Welten miteinander zu vereinen. Oft wird ihnen wirkliche Hilfe, aber dauernde Gesundheit bedeutet Tieferes als eine Heilung des Körpers. Wir versagen niemand unsere Hilfe, auch nicht eine vorübergehende Heilung, aber wir sehnen uns nach dem Einen, der dafür Dank sagt, daß ihm die Tür zum Leben selber aufgetan wurde. Dieser Eine ist dauernd geheilt und kann auch andern Heilung bringen.

Für diejenigen, die nach Merrybrook kommen, ist es manchmal etwas verwirrend, eine ehemalige Ärztin als Metaphysikerin anerkennen zu sollen. Manchmal geben sie auch zu, sie hätten ein größeres Gefühl der Sicherheit, weil sie wissen, daß eine Medizinerin hier praktiziert. Wenn ihnen klargemacht wird, daß man nicht auf beiden Gebieten zugleich erfolgreich arbeiten kann, sind sie ein bißchen enttäuscht oder betrübt. Ich setzte gern all mein Wissen und Können ein; aber der Versuch, beides zu vereinen, scheint mir reichlich schwierig – man kann nicht so leicht abwechselnd auf physischer und auf metaphysischer Grundlage tätig sein.

Dem, der zum ersten Male die geistige Heilweise in Anspruch nimmt, ist es schwer verständlich, warum eine ausführliche Krankheitsgeschichte hier nicht nötig ist, in der die Symptome beschrieben und die Diagnose und Behandlung der verschiedenen Ärzte, die man aufgesucht hat, geschildert werden. Man begreift es nicht, daß eine Behandlungsweise, die von einer eingehenden Vorgeschichte des Falles absieht, überhaupt helfen kann. Man versucht, Gott zu geben, was des Kaisers ist.

Jesus ging bei seinen Heilungen über alle ärztlichen Gebote und Vorschriften einfach hinweg. Er forschte nicht nach der besonderen Art des „Falls", ebensowenig nach der Krankheitsgeschichte. Für ihn bestand kein Unterschied zwischen einem Blindgeborenen und einem erst später Erblindeten. Es galt ihm gleich, ob ein Arm von Geburt an „verdorrt" oder durch eine Lähmung oder Verletzung eingeschrumpft war; denn beides konnte geheilt werden. Ja, Jesus hat niemals das Zeugnis der äußeren Sinne anerkannt. Er wies die sich ihm darbietende Unordnung ab und bezeugte die unmittelbare Gegenwärtigkeit der vollkommenen göttlichen Ordnung: die Gesundheit des Leibes und der Seele. Bei Anwendung der geistigen Heilweise bedeutet es eher ein Hindernis als eine Hilfe, wenn die Aufmerksamkeit auf äußere Erscheinungen gelenkt wird. Solange du bei deinen Symptomen und Schwächen verweilst, schließt du dich aus von dem Gottesreich in deinem Innern, in dem deine Hoffnung auf Heilung ihren Grund hat.

In der Geschichte von dem „unsauberen Geist", der wieder zurückkehrte und noch sieben andere mitbrachte, hat es Jesus sehr deutlich gemacht, daß der böse Geist und seine noch schlimmeren Gefährten nur eindringen konnten, weil sie das Haus leer fanden. Nur wenn der Reingewordene es versäumt, den Geist Gottes in sein Haus zu bitten an Stelle des unsauberen Geistes, kann die ganze negative Sippschaft hinein, und der Zustand jenes Menschen wird dann schlimmer als je zuvor. Einer, der Dank sagt, gibt einer ganz besonderen Art des Gebets Ausdruck. Dankbarkeit, die sich in Worten ausströmt, erhebt das Bewußtsein. Man kann nicht negativ sein, wenn man von ganzem Herzen dankt; denn wirkliche Dankbarkeit ist eine positive Gemütsbewegung.

Wenn wir die Psalmen lesen, singt unser Herz mit. Die großen Gesänge der Anbetung und Lobpreisung lassen uns nicht nur in Ehrfurcht erschauern, sie heben auch den Geist über unsere Ängste und Sorgen empor in ein Reich der Geborgenheit und des Friedens. Wenn wir für einen andern beten, fangen wir es manchmal falsch an; wir verweilen zu leicht bei seinen Hemmungen und Störungen. Eine Frau betete um größere Leistungsfähigkeit und Ausdauer für ihren Mann, damit er seiner Arbeit besser gewachsen wäre. In ihren Gebeten legte sie zu viel Nachdruck auf seinen Mangel an Vitalität; sie hatte immer seine Erschöpfung am Ende des Tages und das Versagen seiner Kraft vor Augen.

Ihr heißer Wunsch kam auch körperlich bei ihr zum Ausdruck in ihrem gespannten Wesen. – Dann änderte sich ihr Gebet; sie dankte für die prachtvolle Lebenskraft und Gesundheit, die ihr Mann jahrelang besessen hatte. Immer wieder dachte sie: „Wie herrlich, daß er doch so viel von dem leisten kann, was er möchte. Und obgleich er abends so müde nach Hause kommt, bin ich doch voll Dank, daß er durch den Schlaf von Gott genügend erquickt wird, um jeden Tag seine Arbeit wieder aufnehmen zu können." Man kann immer etwas finden, das uns im Lauf der Jahre geschenkt wurde, für das wir danken können. Vollende dein Dankgebet mit der positiven Versicherung: „Wieviel Gutes habe ich im Leben empfangen. Daher weiß ich, daß dieselbe Macht, die mich bisher geführt hat, mich auch weiter führen wird bis ans Ende."

Wenn wir um Heilung bitten, müssen wir bereits im Geiste eine Veränderung vor uns sehen, für die wir danken können. Wir müssen die Fähigkeit haben, das Entgegengesetzte von dem zu schauen, was uns bekümmert. Durch das Verweilen bei etwas Negativem wird dieses niemals zu etwas Positivem umgewandelt. Wir müssen die ganze Lage in uns selbst neu erschaffen und alle Einzelheiten in harmonischer Ordnung sehen, so wie wir sie uns wünschen. Auf diese Weise lenken wir die Kraft so um, daß sie nun in entgegengesetzter Richtung strömt.

Wenn wir von Unglücksfällen, Verlusten, Krankheiten und Leiden hören, rufen wir gewöhnlich aus: Ach, wie schrecklich! Welches Unglück! Ist das nicht ein Jammer? – Wenn solche Gefühle während unseres Gebets vorherrschen, dann beten wir falsch.

Ein Beispiel für ein umlenkendes Gebet finden wir in der Geschichte einer Mutter, die Heilung für ihren Sohn erflehte. In diesem Falle wurde gleichzeitig eine negative und eine positive Bitte beantwortet. Mit zehn Jahren war der Junge infolge einer Mandeloperation gelähmt worden und hatte seine Stimme verloren. Seine Mutter gab niemals den

Glauben auf, daß Gott ihre inständigen Bitten für die Heilung des Knaben erfüllen würde. Sie war völlig bereit, selber eine körperliche Heimsuchung auf sich zu nehmen, wenn sie dadurch erreichen könnte, daß Josef wieder zu gehen vermochte. Josef war neunzehn Jahre alt, als die Mutter sich durch einen Sturz an der Wirbelsäule verletzte und teilweise gelähmt wurde. Da wurde Josef plötzlich wieder fähig, seine Glieder zu bewegen; bald konnte er aufrecht sitzen und allmählich wieder gehen. Auch seine Stimme wurde ihm wiedergegeben. Hier haben wir das Beispiel eines aus Liebe gebrachten selbstlosen Opfers, – aber man fragt sich doch, ob es nötig ist, auf solche Weise mit Gott zu handeln.

Neurotiker sind typische Beispiele für dies Gesetz eines falsch gelenkten Gebets. Es sind Menschen, bei denen die Phantasie in umgekehrtem Sinne arbeitet. Mit einer ausgesprochenen Fähigkeit zum bildhaften Schauen neigen sie dazu, sie in negativer Weise zu gebrauchen. Wenn man sie bittet, all das aufzuschreiben, was sie gern im Leben tun oder sein oder haben würden, fügen sie unweigerlich einen Satz hinzu, in dem Sinne, daß sie nicht hoffen können, ihr Wunschbild zu verwirklichen.

Gründe dafür gibt es immer. Wie die alten Griechen haben auch sie ein Wort zur Hand: negativ! Aber wenn der Neurotiker die Richtung – und das bedeutet seine seelische Einstellung – ändert und all seine Fähigkeiten nun positiv wirksam werden, wird er zu einer besonders liebenswerten, lebenstüchtigen und strahlend frohen Persönlichkeit.

So wie für eine dauernde Heilung dauernde Dankbarkeit und Danksagung nötig ist, so wird von denen, die andern zur Heilung verhelfen wollen, viel innere Disziplin gefordert.

Als Elisa den dem Elias entglittenen Mantel aufhob und damit ein „zwiefältig Teil" vom Geiste des älteren Propheten über ihn kam, tat er große Wunder. Aber wir sind erschrocken über den einen Bericht im zweiten Buch der Könige. Als er nach Bethel ging, liefen ihm die Kinder nach und verspotteten ihn: „Kahlkopf, steig hinauf!" Er wandte sich um und fluchte ihnen in seinem Zorn. Es heißt dann weiter, daß zwei Bären aus dem Walde kamen und zweiundvierzig Kinder zerrissen. Dieses negative Verhalten scheint uns völlig unvereinbar mit den machtvollen Werken, die Elisa sonst tat. Aber auch hier wird einem plötzlich der Sinn klar, und wir erhalten eine beherzigenswerte Lehre.

Wenn man in dem höheren Bewußtsein der unmittelbaren Gottesnähe lebt, kann die befreiende Kraft des göttlichen Geistes heilend und erlösend alle durchdringen, mit denen wir in Berührung kommen. Dasselbe Gesetz ist aber auch dann wirksam, wenn wir unsere innere Disziplin verlieren und aus dem niederen Selbst heraus handeln, so wie es Elisa in jenem Falle tat. In einem Augenblick werfen wir das Steuer herum und geben einem Gefühl unbeherrschten Zornes nach. Wenn die Kraft, die sonst befreit und heilt, im umgekehrten Sinne wirksam wird, dann vollbringt sie ihr Werk der Zerstörung ebenso schnell und sicher, wie sie sonst Liebe und Heilung bringt.

So haben diejenigen, die dies Gesetz erkennen und so begnadet sind, daß es sich bei ihnen zum Guten auswirkt, die Selbstbemeisterung weit nötiger als andere. Paulus sah in der Zauberei des Elymas eine dunkle, verderbliche Macht; er nannte ihn einen „Feind aller Gerechtigkeit" und strafte ihn mit Blindheit. Besänftigende und heilende Worte der Liebe hätten Elymas vielleicht dahin gebracht, selbst nach einer Erfahrung gottbegeisterten Wirkens zu verlangen. Durch die unmittelbare Kraft Gottes hätte er vielleicht weit größere Werke tun können als durch seine Zauberei.

Wenn wir daher das Leben haben möchten in überströmender Fülle, in Gesundheit, Freudigkeit und innerem Reichtum, dann müssen wir nur dies Leben im Auge haben bei allem, was wir anstreben, sagen und tun. Wollen wir andern helfen, das Leben zu finden, dann dürfen wir keine harten, kritischen Worte sprechen. Und wollen wir Heilung bringen, dann müssen wir gegen alles, was auf einen Mangel an Leben hinweist, unsere Augen und Ohren verschließen. Wenn wir selbst im Garten Eden sein und andere mitnehmen möchten, dürfen wir nur vom Baum des Lebens mitten im Garten essen.

Es ist notwendig, uns zu befreien von der Vorstellung des Unvollkommenen, das uns in unserer Umwelt überall begegnet; wir müssen unser Bewußtsein erheben zu der Höhe der Erkenntnis, auf der wir die Vollkommenheit wahrnehmen, die die eigentliche Wirklichkeit des Lebens ist. Denn der Geist der Liebe weiß nichts von seinem Gegensatz. Der Strom des Lebens fließt vorwärts und niemals zurück. Wo wir Auflosung sehen, da ist sie nur das Zeichen, daß das Leben von einem Haus in ein anderes umgezogen ist. Die Wohnung wechselt; das Leben geht weiter.

Der echte Nachfolger Christi lebt innerhalb zweier Welten, wie es auch der Meister von sich gesagt hat. Er muß beide Welten und ihre verschiedenen Gesetze kennen, wie Jesus sie gekannt hat; aber in seinem Handeln untersteht er nur den Gesetzen des Geistes. Wo man von etwas Bösem spricht, wo man andere verurteilt oder im Gespräch eine negative Macht anerkennt, da schließt er das äußere Ohr und erhebt sich auf den Schwingen des Glaubens in die klare, heilende Sphäre des Geistes, in der ihn nichts davon erreicht.

Er lernt dem Kaiser zu geben, was der Welt angehört, und Gott zu geben, was dem Geiste angehört. So lebt er im Bereich der Gesetze des Geistes, aber sein Wirken vollzieht sich durch einen irdischen Körper im Bereich der Gesetze des Stoffes. Und, wie Jesus es gelehrt hat, wird er klug wie eine Schlange und ohne Falsch wie eine Taube sein.

Der wahre Jünger Christi muß in zwei Welten leben, aber er braucht sich nur den Gesetzen des Geistes zu unterwerfen.

MEDITATIONEN

Aus der Stille der Meditation

Deine Einsamkeit ist ein Dom.
Du bist der Priester,
Du bist die Gemeinde,
Du bist der Chor und die Orgel,
Du bist die Musik.
Du bist der Altar
Und die weißen brennenden Kerzen
Und ihr rötliches Licht.
Deine Einsamkeit ist Vielsamkeit –
Viele Zeugen umringen dich,
Der Herr der Heerscharen ist um dich.
Deine Einsamkeit ist Vielsamkeit.
Deine Einsamkeit ist ein Dom.

(Dichter unbekannt)

MEDITATIONEN

	Seite
Der Pfad des meditativen Schweigens	118
Hilf uns, unser feines Empfinden in rechter Weise zu gebrauchen	122
Für einen, den die Vergangenheit noch quält	122
Der Teich von Bethesda. Eine Betrachtung über innere Reinigung	124
Die Arche des Bundes	128
Bitte um Heilung alter Wunden	129
Für alle, die mitbauen möchten an den Fundamenten des Reiches Gottes	130
Zur Überwindung unserer Schweigsamkeit	131
Urteile nicht nach dem äußeren Schein	132
Bitte um Schutz gegen die Wunden des Lebens	133
Bitte um Vertreibung der Furchtgefühle	135
Hilf uns, im Rhythmus des Lebens mitzuschwingen	136
Hilf mir, meine Lebensaufgabe zu finden	137
Gebet für jemand, der Unrecht getan hat	138
Für alle Mühseligen und Beladenen	139
Für die, welche sich selber vergessen möchten	140
Wie Jesus heilt	141
Zur Überwindung der Menschenscheu	142
Bitte um klarere Erkenntnis	143
Hilf uns zu werden, was wir sind	144
Bitte um Lösung von Spannungen	145
Eine Bitte um das befreiende Lachen	146
Für einen vom Schöpferdrang erfüllten Menschen	146
Für einen Allzueifrigen	147
Bitte um größere Fülle des Lebens	148
Für den, der glaubt, daß alle Dinge möglich sind	149
Kommt her zu mir, ich will euch Ruhe geben für eure Seelen	150
Für einen, der die Gabe des Humors besitzt	151
Für einen, der das Reich Gottes sucht	152
Hilfe für unsere Kinder	153
Für einen still Wartenden	154

Der Pfad des meditativen Schweigens

Der erste Schritt in unserer stillen Meditation besteht darin, daß wir den Körper völlig vergessen. Wir müssen uns ruhig, entspannt und behaglich fühlen.

Der zweite Schritt ist für die meisten von uns schon etwas schwieriger. Es ist die Beherrschung oder, vielleicht besser ausgedrückt, die Ausschaltung unseres Denkprozesses. Wir suchen einen Bewußtseinszustand zu erreichen, der jenseits der Vernunft und über aller Verstandestätigkeit liegt, so wie wir sie in der Form des Denkens kennen. Wir wollen uns so weit über das Verstandesdenken erheben, daß die Gedanken in das Schweigen, das wir suchen, nicht störend einbrechen.

Es ist öfters geschrieben, gesagt und gelehrt worden, daß der Geist dabei völlig leer sein müsse. Das bedeutet dasselbe, was auch wir sagen wollen. Man soll danach streben, über den Bereich des Verstandesdenkens hinauszukommen. Es ist ratsam, die hin- und herflitzenden Gedanken gar nicht zu beachten; denn sonderbarerweise denken wir, sobald wir zu meditieren beginnen, sofort an all das, was wir hätten tun sollen, was wir tun wollten, und was wir nicht getan haben. Gerade wenn wir am stärksten zur inneren Stille kommen möchten, drängen sich diese unruhigen Gedanken ein, um uns zu stören.

Es mag gut sein, Papier und Bleistift bei der Hand zu haben. Wenn die Gedanken dich überfallen, während du schon stiller geworden bist, schreibe sie nieder, mit dem Vorsatz, später auf sie zurückzukommen. Dann lege deinen Bleistift endgültig fort. Durch Übung bringst du es allmählich so weit, daß du leichter die störenden Gedanken zurückläßt und eine höhere Ebene erreichst, auf der sie kommen und gehen, ohne dich zu belästigen.

Wenn möglich solltest du jeden Tag zur selben Stunde deine Meditation halten. Das ist sehr wichtig. Nötig ist es auch, daß du immer auf demselben Platz und in derselben Umgebung weilst. Mit andern Worten: es ist gut, wenn du versuchst, einen gleichmäßigen Rhythmus innezuhalten.

Es ist das Ziel des meditativen Gebets, uns in den verborgenen Rhythmus des Weltalls einzufühlen und uns abzustimmen auf die Wellenbewegungen, die das All in vollkommener Gesetzmäßigkeit und Ordnung durchziehen. Wenn Jesus sich auf einen Berg oder an das Ufer des Sees zurückzog, um allein zu beten, wollte er sich innerlich loslösen, um ganz still zu werden. Dann kam er in Berührung mit der Harmonie des Weltalls, die ihm wieder den vollkommenen Ausgleich gab und ihm eine Quelle ständiger Kraft bedeutete.

Deine Verabredung ist eine Verabredung mit Gott. Bemühe dich, diese Verabredung einzuhalten allen Anforderungen gegenüber, die die Umwelt an dich stellen mag. Du suchst ja das Reich Gottes. Wenn dein Suchen aufrichtig ist, muß es allem übrigen vorgehen, auch wenn es dich Opfer kostet; aber es ist gar nicht so schwer, nach den ersten paar Malen herauszufinden, was man zu tun hat, um sich eine Zeit der Stille zu sichern.

Warum meditieren wir eigentlich? Warum sind Meditationsübungen so wertvoll für einen Menschen, der nach der Fülle religiösen Lebens strebt? Meditieren bedeutet Neuformen, Neuaufbauen, Neuerschaffen. Wenn wir wiedergeboren werden in die Welt des Geistes, finden wir, daß viele unsrer Gewohnheiten der Welt des Stoffes angehören. Um zu vollbringen, was wir wollen; um so weit zu kommen, wie wir wünschen, müssen wir neue Gewohnheiten aufbauen und die alten dadurch ersetzen, bis wir uns ganz gefestigt fühlen in dem vollen Bewußtsein der Wirklichkeit, die jenseits der Sinne liegt.

Ganz allmählich begriffen wir die sieben Stufen der Meditation.

Sind die ersten Vorstufen bezwungen, die uns in die Stille führen, dann entdecken wir, daß der meditative Zustand ungefähr in der Mitte zwischen Wachen und Schlafen liegt.

Unser Körper und unser Verstand schlummern ein, aber ein neuer Sinn wird wach.

Manchmal will uns die Schläfrigkeit übermannen. Dieser Zustand kann überwunden werden durch das Wahrnehmen einer lebendigen Gegenwart im Zimmer; wir werden uns der unmittelbaren Nähe einer andern Wesenheit bewußt. Wir sind von dem Gefühl dieser Gegenwart durchströmt, und je stärker wir sie fühlen, desto wacher werden wir. Dies Innewerden weckt in uns einen neuen Sinn. Wir sind ganz wach und ganz hingegeben, und die Gefahr des Einschlafens ist überwunden.

Diesem Zustand des wachen Aufmerkens muß ein inneres Lauschen vorangehen – ohne Anstrengung oder Zwang, aber so intensiv, daß es zur Stille führen muß: wir fühlen, daß man nur hören kann, wenn man innerlich völlig still geworden ist. Intensiv lauschen, ohne sich dazu zu zwingen, das bedeutet ganz wach, ganz hingegeben sein. Man könnte sagen, daß wir einen andern Bewußtseinszustand erreicht haben, in dem wir etwas erfassen, das jenseits unserer gewohnten Lebenssphäre liegt.

Wir fühlen uns emporgehoben in eine verdünnte Höhenluft, in der alle Zweifel und Schwierigkeiten hinter uns liegen. In diese Höhenluft können wir sie nicht mit hinauftragen, und so fühlen wir uns plötzlich wundervoll frei, gelöst und aufgeschlossen dafür, daß neue große Wunder, neue Möglichkeiten vor uns liegen. Gleichzeitig haben wir das Empfinden einer ungeheuren inneren Lebendigkeit; alles in uns wird ganz wach und rege. Da ist nichts Schläfriges mehr, nichts Nebelhaftes, Verschwommenes oder Unklares. Alles öffnet sich und weitet sich einem größeren Leben entgegen.

Jetzt empfinden wir nicht nur eine unmittelbare Gegenwart, sondern auch ein Mitschwingen in uns selbst: der Strom des Lebens durchflutet uns in stetigen, gleichen, rhythmischen Wellen. Alles ist Harmonie, und wir erleben etwas von der unermeßlichen Größe Gottes.

Dieses neue Leben bewegte den Psalmisten dazu, die großen Psalmen der Anbetung zu singen. In diesem Erleben ist nichts außer uns, wir sind vielmehr ein Teil davon; es ist nicht durch den Raum von uns getrennt, sondern es begibt sich etwas in uns selbst. Nun beginnen wir die Mystiker zu verstehen, wenn sie davon sprechen, daß der Makrokosmos sich wiederholt in dem Mikrokosmos unserer kleinen Menschenseele. In wunderbarer Weise kann diese Seele sich weiten und sich in dem ihr verliehenen Maße emporschwingen zu der gewaltigen Unendlichkeit des Kosmos, bis wir in Ehrfurcht vor Gott stehen.

Wenn wir so vor ihm stehen, überkommt uns das Empfinden, ihm ganz nahe zu sein. Wir fühlen den Trost und die tiefe Geborgenheit in seiner Liebe; wir sind geliebt und umsorgt, behütet, geführt und gestärkt. Plötzlich sind wir abgestimmt auf die volle Harmonie, und wir werden eins mit der Quelle alles Lebens.

Uns mit dieser Quelle zu vereinigen, uns dieser Vereinigung bewußt zu werden, wenn auch nur für den Bruchteil eines Augenblicks, das bedeutet Erlösung – das Auslöschen alles Vergangenen, vollkommene Vergebung, vollkommene Reinheit, die Einung der Seele mit ihrem Schöpfer.

Nun ist der vollkommene Friede da, die tiefste Ruhe. Alles, was man sich noch wünscht, ist ein Ausruhen in diesem unermeßlichen Frieden, dieser tiefen Stille und dieser Liebe ohne Grenzen.

Hier in dieser ruhenden Mitte werden wir geheilt; und nur wenn wir diese Mitte berühren, können wir anderen helfen, Heilung zu finden. Denn hier sind wir ganz nah am Mittelpunkt des Lebens und der göttlichen Liebe selber.

Wir sind zu der Stätte gelangt, wo Gott *ist*.
„Seid stille und erkennt, daß ich Gott bin."
Amen.

Hilf uns, unser feines Empfinden in rechter Weise zu gebrauchen

Meister, wir fühlen deine Gegenwart und die Wirklichkeit deiner Nähe. Lehre uns. Sprich durch uns. Erhebe uns. Sag uns das, was wir wissen müssen, um dir besser dienen zu können.

Lehre uns das Geheimnis, wie wir unsere Sensibilität von den kleinen Dingen des Lebens auf die großen übertragen können. Wir möchten unser Feingefühl wahren, aber unser Ahnungs- und Empfindungsvermögen von unserm niederen Ich auf das Christus-Ich ausdehnen.

Hilf uns zu erkennen, wie wir unsere Fühler aussenden können in die weiten, offenen Sphären des Geistes und uns die Gedanken und Lehren zueignen, die darauf warten, daß wir sie bei uns einlassen. Deine Liebe ist wie ein gewaltiger Transformator, der sich der elektrischen Kraft bemächtigen kann und sie hinauftransformiert statt hinunter. Bemächtige dich des kleinen Ich in jedem von uns und verwandle es in dein Bild. Berühre jeden einzelnen von uns in seinem Innersten.

Beseitige allen Abfall, alles alte Gerümpel, alle Schlacken; nimm das elende Gerüst fort, auf dem wir uns so lange mit dem Bau abgemüht haben, und stelle das vollkommene Gebäude vor uns hin.

Vater, wir danken dir.

Für einen, den die Vergangenheit noch quält

Wir sollten nichts beklagen und niemals zurückblicken. Das Vergangene ist vergangen, und nichts wird dadurch gewonnen, daß wir es immer von neuem durchleben. Was es uns durch die Erfahrung, die es brachte, gegeben hat, war etwas, das wir nötig hatten und wofür wir dankbar sein sollen.

Glaube niemals, daß du jene Zeit verloren hast. Frage nicht: Wie kann ich jetzt noch hoffen, das Versäumte nachzuholen? – Die verflossenen Jahre waren eine Vorbereitungszeit; eine Zeit innerer Entwicklung. Wir glauben, daß wir vieles anders machen würden, wenn wir sie noch einmal durchleben könnten. Aber die Vergangenheit ist tief in deine Seele eingegraben, und die Seele vergißt nichts. Sei überzeugt: wenn du wieder vor einer Wahl stehst – was nicht ausbleiben wird – und du eine Entscheidung treffen mußt, dann wirst du wissen, welchen Weg du zu gehen hast.

Keine Erfahrung war vergebens. Wir sind den Weg nicht umsonst gegangen. Unsere Leiden sind uns zum Guten gediehen.

Wenn wir es nur glauben wollten! Dann würden wir in Dankbarkeit von der Vergangenheit aus weiterschreiten in die Zukunft, – wie das Kommende auch aussehen mag. Blicken wir aber immer wieder zurück, dann kristallisiert sich die Kraft, die uns sonst vorwärts weist, und verwandelt uns in eine Salzsäule. Furchtlos müssen wir vorwärts blicken und unsere Augen weit in die Ferne richten. Wir lernen es, das Leben mit offnen Armen zu empfangen, weil wir wissen, daß jede Erfahrung, die es bringt, notwendig für uns ist.

Die Zeiten, in denen wir stillstehen und warten müssen, haben ihren verborgenen Sinn. Wir müssen lernen, in Geduld zu warten und ohne alle Resignation still in uns aufzunehmen, was wir zur vollen Erfüllung unsrer Lebensaufgabe brauchen. Und jeden Augenblick sollen wir dankbar sein für eine solch kostbare Zeit der Vorbereitung.

Der Geist in dir unterweist dich, wie du die Dinge nutzen kannst, um sein Werk zu fördern. Wenn du aus schöpferischer Kraft Schönes erschaffst, wenn du dir edle Dichtung ins Gedächtnis rufst oder die Worte Jesu deinem Geist unauslöschlich einprägst, dann füllst du deinen Herzensspeicher mit Schätzen, die du vielleicht einmal in Seinem Dienst gebrauchen sollst. Jeden Abend lege dich nieder, beschwingt von dem Rhythmus der Allliebe in jeder Faser deines Wesens, und sprich: Ich werde es erfahren – es wird mir gezeigt werden – der Weg wird mir gewiesen.

Lebe jeden Tag in bewußter Erwartung, dann wird die Tür sich auftun, und deine Füße werden auf den Weg gestellt, den du gehen sollst.

Der Teich von Bethesda

Eine Betrachtung über innere Reinigung

Versetzen wir uns im Geiste an den Teich von Bethesda. Es ist ein Becken kristallklaren Wassers, umgeben von Säulenhallen, von denen flache steinerne Stufen ins Wasser führen. Ein Teil dieser Hallen ist bedeckt. Die Legende erzählt, daß von Zeit zu Zeit ein Engel herabkommt, um das Wasser zu bewegen. Gelingt es einem Kranken, in den Teich zu steigen, während das Wasser noch aufgerührt ist, so wird er gesund.

Hier in der Halle warten reihenweise die Krüppel und die Lahmen. Unter ihnen ist einer, der sich nur auf den Ellbogen aufrichten kann. Täglich wird er zum Teich herunter- und wieder zurückgetragen, – Tag für Tag. Er ist beispielhaft für alle, die wünschen und suchen, ohne finden zu können.

Heute aber schreitet eine unbekannte Gestalt durch die Reihen derer, die auf den flachen Steinen liegen. Seine Augen suchen und finden die Augen des Gelähmten, dem es niemals gelungen ist, in den Teich zu steigen, solange sich das Wasser bewegte. Denn es war niemand da, der ihn hineingetragen hätte.

Zwischen diesen beiden begibt sich etwas. Der Gelähmte fühlt, daß von dem andern eine Kraft ausgeht; er spürt das Mitgefühl in seinen Augen. Er erhebt den Arm. Die Gestalt nähert sich, blickt auf ihn nieder und stellt ihm eine kurze Frage: „Willst du gesund werden?"

Stelle dir selbst diese Frage und erforsche dein Herz. *Willst du wirklich ganz gesund sein?* – Zunächst erscheint die Frage sinnlos. Aber was der Unbekannte von dem Gelähmten wirklich wissen will, ist dies: Willst du die volle Verantwortung eines gesunden Menschen auf dich nehmen? Bist du willens, die Stärke und Lebenskraft eines leistungsfähigen Körpers, eines gesunden Geistes und einer zum Frieden gekommenen Seele ganz einzusetzen, um andern zu helfen und am Kommen des Gottesreiches mitzuwirken? – Das alles ist in jener Frage enthalten: „Willst du gesund werden?"

Der Gelähmte erzählt seine Erlebnisse. Wir hören ihm zu, wie er sagt: „Ich bin so oft zum Teich gekommen, aber jedesmal, wenn das Wasser sich bewegt, sind so viele vor mir da, und wenn ich mich endlich selbst bis an den Teich geschleppt habe, ist es zu spät." Als aber Jesus ihn fragt, ob er gesund werden wolle, fühlt er: hier ist einer, der dich ganz durchschaut, und der weiß, was du ihm zu antworten hast.

Vielleicht war es zum erstenmal, daß er sich dieser Frage mutig stellte und sie ehrlich beantwortete. Plötzlich wußte er, daß er gar nicht in den Teich hinabzusteigen brauchte. Der Meister sprach das schlichte Wort: Sei geheilt! Und er wußte, er war gesund.

Aus einem andern Beweggrunde steigen wir jetzt in den Teich hinunter, den Teich der göttlichen Liebe, des heilbringenden Wassers, das ununterbrochen vom Throne Gottes herabströmt. Alle, die diesen Strom der Liebe berühren und in die heilenden Fluten tauchen, werden gesund. Es ist ein nie endendes Strömen vom Herzen Gottes durch die Menschenherzen zurück zu seinem Herzen. Dies ist der göttliche Kreislauf.

Ehe wir in das Wasser steigen, müssen wir zuerst unsere Schuhe ablegen. Das bedeutet, daß wir all die kleinen Sorgen von uns werfen, die uns beunruhigen, an die Erde fesseln und uns so fest an unser niederes Ich binden. Wir ziehen unsere Schuhe aus, weil wir hier an heiliger Stätte stehen.

Unsere Füße schreiten in das Wasser, und wir fühlen seine sanfte Berührung. Dann steigen wir tiefer hinein, bis es uns an die Hüften reicht. Das bedeutet für uns die Reinigung unserer geschlechtlichen Lebenssphäre. Diese wird jetzt zum Mittelpunkt all unserer schöpferischen Tätigkeit; vom körperlichen Trieb völlig gereinigt, steht sie fortan im Dienst des göttlichen Willens, für den sie geschaffen wurde.

Beim Baden in diesem Wasser sind wir uns bewußt, daß nichts, was dem Körper angehört, nichts von seinem Begehren, seinen Trieben und Instinkten uns künftig noch beherrschen kann. Diese Organe sind fortan nur noch Diener, nicht mehr Herren. Alles Negative, das durch sie in unser Leben gekommen sein mag, ist fortgespült, und es bleibt auch keine Erinnerung mehr daran.

Wir schreiten weiter, und das Wasser steigt höher an uns herauf. Jetzt spüren wir, wie wir die unbeherrschte Freude am Essen überwinden. Auch sie wird uns in Zukunft nicht mehr beherrschen, sondern uns getreulich dienen, um den Tempel des lebendigen Gottes schön, rein, gesund und strahlend zu erhalten. Alle Schlacken, die sich infolge des Mißbrauchs unserer Eßlust angesammelt haben, werden gleichfalls weggespült. Wir erkennen, daß die Organe, die unsere Nahrung verarbeiten, so kunstvoll gemacht sind und so Vollkommenes leisten, daß wir alle Speisen, die unsrer Erhaltung und Stärkung dienen, ohne Ängstlichkeit zu uns nehmen können.

Durch diese Meditation allein sind, wie ich es erfahren habe, einige der wunderbarsten Heilungen von Darmkongestionen erfolgt; denn es ist ja eine heilige Reinigung. Wenn man sich ihr ganz überläßt, dann erlebt man, wie alle Verdauungsorgane, die der Assimilierung wie die der Ausscheidung, sofort darauf reagieren. Man ist von den alten Furchtgefühlen befreit, und sie kommen auch niemals wieder. Von nun an wirst du deine Nahrung zu dir nehmen in dem Wissen, daß sie gesegnet ist; und nach der Mahlzeit wirst du nicht weiter daran denken. Gott hat dir einen vollkommenen Körper gegeben, der alles, was du von ihm verlangst, auch tut, ohne daß du dir Gedanken darüber zu machen brauchst. Und jetzt gibst du ihn ganz in die Obhut des Schöpfers.

Beim nächsten Schritt geht uns das Wasser bis an die Schultern und bedeckt Herz und Lunge. Das Herz ist das Sinnbild für das Gefühlsleben, und wenn es vom Wasser umspült wird, werden alle unsere Gefühle gereinigt. Auch hier sind wir uns bewußt, daß von nun an unsere Gefühle nur noch Diener sein werden, die uns gehorchen, und nie wieder unsere Herren. Wir besitzen jetzt ein höchst wirkungsvolles Mittel, um negative Gefühle zu überwinden. Die Bibel sagt uns, daß der Mensch nicht unrein wird durch das, was durch den Mund in ihn eingeht, sondern das, was aus seinem Munde hervorgeht. Wir können keine negativen Worte sprechen und auch keine negativen Gefühle, wenn auch noch so tief verborgen, im Herzen tragen, ohne daß unser Körper darunter zu leiden hätte. Daher ist die Reinigung unserer Gefühle von unendlichem Segen.

Während das Wasser des Lebens uns an die Brust schlägt, fühlen wir, wie alles Negative entweicht. Das gibt uns ein tiefes Empfinden der Befreiung und Erlösung. Das Herz ist fröhlich und die kleinen Zellen singen vor Freude über ihre Befreiung. Die Lunge ist das Sinnbild für den göttlichen Atem, dieses Bindeglied zwischen Gott und Mensch. Wir atmen den Odem Gottes in tiefen Zügen in uns ein; unsere Lungen dehnen sich in dem Atem des Lebens – des Lebens, das uns erschuf, des Geistes, der uns eingehaucht wurde. Der Odem Gottes ist wie feinverdünnter Sauerstoff. Trinke ihn in tiefen Zügen in dich ein; laß deine Lungen sich dehnen und deine Brust sich weiten und fühle, wie bei diesem Einatmen dein Körper leicht wird. Dann kannst du den nächsten Schritt tun und dir ohne Furcht das Wasser bis an den Hals steigen lassen.

Die Kehle ist das Zentrum unseres Mitgefühls. Wenn ein Gefühl dich bewegt und dein Mitempfinden erweckt wird, geschieht es oft, daß deine Kehle sich verengt, ehe dir die Tränen kommen. Wenn das Wasser deinen Hals sanft umspült, ist es dir, als ob alle negativen Gefühle des Selbstbemitleidens, Nachtragens und Gekränktseins fortgeschwemmt werden, bis du ganz erfüllt bist von göttlicher Barmherzigkeit. Der Unterschied zwischen „Barmherzigkeit" und „Mitleid" ist der zwischen einem positiven und einem negativen Gefühl. Das Mitleid nimmt einen bestimmten Zustand als gegeben hin. Die Barmherzigkeit versteht den Zustand, sieht ihn aber nie als etwas Unabänderliches an.

Nun sind wir erfüllt von göttlichem Mitgefühl und Gottes Erbarmen hat uns von aller Schuld gereinigt. Es hat alle inneren Hindernisse beseitigt, so daß die göttliche Liebe uns nun frei durchströmen kann. Unsre Arme öffnen sich weit gegen alle die Mühseligen und Beladenen, die unsrer Hilfe harren. Wir sagen nun nicht mehr: wir haben Mitleid mit euch –, sondern: wir verstehen euch, wir lieben euch, wir rühmen das Vollkommene in euch! Steht auf, laßt all eure Sorgen zurück und wandelt mit uns auf dem Wege Jesu.

Nach dieser Meditation werdet ihr euch rein fühlen wie nie zuvor. Ihr habt euer Herz der Liebe geöffnet, ihr habt euch versenkt in das große Meer der Gottesliebe. Ihr seid ganz und gar erfüllt worden mit der göttlichen Kraft des Heiligen Geistes. Friede ist in euch und innere Harmonie.

Heute abend werdet ihr in den wohltuendsten und ruhevollsten Schlaf sinken und zu einem so herrlichen Morgen erwachen, wie ihr ihn nie zuvor erlebt habt.

Denn während der ganzen Zeit stand Er ja neben euch am Ufer.

Die Arche des Bundes

Gott fordert unsere Vergangenheit von uns. Er will, daß wir alles vor seinen Gnadenthron bringen: nicht nur uns selbst, sondern auch unsere Erinnerungen. Der Meister sagt auch zu uns, was er vor alters einem Manne sagte, der zuerst seinen toten Vater begraben wollte: Folge mir nach!

Laß die tote Vergangenheit ihre Toten begraben.

Wir gehen durch große Krisen, wenn die Wellen der Gemütsbewegung in uns toben wie ein stürmisches Meer. In den Fluten unsrer Gefühle glauben wir zu ertrinken, bis wir in unserer Not und Verzweiflung um Hilfe schreien. Dann machen wir unsern Bund mit dem Herrn, und aus den strudelnden Wassern retten wir uns in die Arche, die uns über die Flut trägt, bis wir auf der Höhe des Gebirges landen. Das ist die Lehre, die die Geschichte von der Arche uns gibt.

Wir müssen einen neuen Anfang machen.

Die Arche kann mit der Vergangenheit nicht beladen werden, sie hat keinen Platz dafür. Alles, was sie mitnehmen kann, sind schöpferische Ideen, die fruchtbar werden und sich mehren sollen, um unsre Erde zu erfüllen. Die Vergangenheit lassen wir zurück und nehmen nur die Lehren mit, die sie unserm Bewußtsein tief eingeprägt hat. Diese tragen wir hinüber in das neue Leben; das übrige liegt hinter uns.

Wir kommen zur Ruhe auf der Höhe des Gebirges – in einem neuen Bewußtseinszustand. Die Friedenstaube trägt den grünen Zweig im Schnabel als Zusicherung neuen Lebens. Wir beginnen ein neues Blatt; eine frische Seite wird beschrieben. Das alte Ich ist gestorben, das neue ist geboren. In diesem neuen Selbst finden wir grüne Weiden und fruchtbare Felder.

Dann danken wir Gott für alles, was wir durchlebten, und geben ihm Preis und Ehre für das, was wir aus der Vergangenheit gelernt haben. Und dann legen wir sie beiseite und lassen das Vergangene vergangen sein.

Nun haben wir uns ganz davon losgelöst. Über uns kommt tiefer Frieden und Ruhe der Seele, und mit den fallenden Gewässern unserer erregten Gefühle schwindet alle Verwirrung.

Die Arche steht auf festem Grund, das Leben ist geborgen, und wenn du von den Höhen ins Weite blickst, dann weißt du, daß alles gut sein wird, und du kannst sprechen: Ich danke dir, Vater, von ganzem Herzen. Amen.

Bitte um Heilung alter Wunden

Wenn wir versucht haben, uns, soweit wir konnten, selber zu helfen, – wenn wir uns dir völlig unterworfen haben und doch noch die Narben alter Wunden zurückbehalten, dann, Meister, hilf uns!

Tief eingebettet in unserm Unterbewußtsein warten die alten Wunden darauf, daß du sie berührst und die Macht deiner Liebe den Schmerz lindert. Wir brauchen diese Berührung, – jeder von uns!

Gib uns Kraft, daß wir das entstellte Bild unsres Selbst umwandeln können in das vollkommene Bild, das von Ewigkeit her in der Seele schlummert, bis wir es eines Tages klar vor Augen sehen. Gleich den zerkratzten Stellen auf der Schallplatte rufen diese Wunden Mißklänge hervor, wenn die Nadel des Lebens über sie dahingeht.

Meister, es verlangt uns nach der tiefen Läuterung durch deinen Geist. Wir sehnen uns danach, daß du unser Innerstes anrührst, unsere verborgensten Erinnerungen; denn alle Narben und Wunden, die das Leben hinterlassen hat, kannst du lindern und heilen. Mache uns gefügig, bis wir uns dir ganz unterwerfen. Zerbrich alles, was zwischen uns und dem ungehinderten Strom deiner Liebe steht. Haben wir eine Erkenntnis nötig, so bitten wir dich, daß du sie uns ins Bewußtsein hebst, denn wenn wir erst das Hindernis wahrnehmen, dann können wir auch völlig davon befreit werden. Laß es uns sehen auf dem Untergrund der Vollkommenheit, die wir in dir fühlen und schauen.

Laß uns klar erkennen, wie das höhere Selbst, das deinem göttlichen Selbst gleicht, dem andern, dem menschlichen Selbst in uns vergeben muß. Wenn wir unsern Nächsten lieben sollen wie uns selber, dann müssen wir auch lernen, das kleine Selbst zu lieben, das so oft Vergebung nötig hat, weil es das tut und sagt, was wir gar nicht wollen.

Das Christus-Ich muß das niedere menschliche Ich zu sich emporziehen; es muß ihm verzeihen, es segnen und es erhöhen, bis es dem höheren und gottähnlichen Selbst immer weniger Ärgernis gibt. Hilf uns, das zu verstehen, damit wir die volle Harmonie in all unserm Sein erkennen.

Vater, wir danken dir. Jesus, habe Dank. Amen.

Für alle, die mitbauen möchten an den Fundamenten des Reiches Gottes

Nicht immer ist es das am stärksten nach außen hin Sichtbare, das dem Kommen des Reiches Gottes am besten dient; nicht immer tragen die das Wertvollste dazu bei, die in der Öffentlichkeit wirken, sprechen, verkündigen oder heilen.

Es sind Tausende, die durch Ruhe und Heiterkeit ihres Wesens dienen; die die wechselnden Böen des Lebens mit Gelassenheit hinnehmen; die, ohne je an sich selbst zu denken, mitten durch den Sturm und Drang ihrer Tage gehen; die alle Schicksalsschläge ertragen, ohne zu wanken, und aus jeder Feuerprobe der Seele geläuterter hervorgehen.

Unermüdlich in ihrem Verlangen zu heilen, können solche Menschen ihre Hände kühlend auf fieberheiße Stirnen legen und in ihrer Familie wie an ihrer Arbeitsstätte die widerstrebenden Elemente besänftigen. Sie sind es, die an den Fundamenten des Reiches Gottes auf Erden mitschaffen; ihnen fällt die große Aufgabe zu, die Strahlenbündel der heilenden Liebe, die ununterbrochen ausgesandt werden in die Welt, zu erfassen und fest zusammenzufügen.

Nur die, welche zu innerer Stille gekommen sind und an der Seite Gottes wandeln, sind verläßlich genug, um am Webstuhl des Lebens zu sitzen und acht zu haben auf die Fäden, aus denen das Gewebe der Ewigkeit entsteht. Laßt uns das Webmuster in uns aufnehmen, während es sich vor uns entfaltet, damit wir den Strom des All-Lebens täglich neu empfangen.

Seid froh, seid gelassen und heiter. Und vor allem wisset, daß ihr auch euern Dienst leistet durch eure Zuverlässigkeit n den Krisen des Lebens.

Hab Dank, Jesus; hab Dank, Vater. Amen.

Zur Überwindung unserer Schweigsamkeit

Ich wollte alle Schweigsamkeit, Bedenklichkeit und Scheu fahren lassen und ganz erfüllt werden von der Macht der Liebe.

Eine Tür wollte ich öffnen, ein Fenster; die Vorhänge zurückziehen und die Sonne hereinlassen. Wenn sie ihre Strahlen tief in die Seele schickt, macht sie den ganzen Menschen licht; sie erhebt ihm das Herz und durchflutet ihn mit Farben und Tönen. Laß die himmlische Musik erklingen, die in dir eingeschlossen lag, – und durch jede deiner Bewegungen, durch alles, was du fühlst und sagst, wirst du die Zellen deines Körpers kräftigen und erneuern. In dieser Beschwingtheit wirst du durch alles Harte und Schwere hindurch deinen Weg finden.

Heiße dies Wunder willkommen; dann kann durch die starke Geisteskraft aus Disharmonie Harmonie hervorgehen, und die

Mißklänge können zu tiefen, vollen Akkorden werden, wenn die verworrenen Töne sich zu klangvollen Melodien klären.

Der Meister kann alle Dissonanzen auflösen und in den vollen Akkord einfügen.

Zuerst wird die Harmonie dem inneren Ohr vernehmbar werden. Stimme es täglich darauf ab, damit du sie zu hören vermagst.

Wenn du dies Tag für Tag tust, wird sich das Durcheinander der Töne harmonisch ordnen und jeder deiner Tage wird voller Singen sein. Meister, hilf uns, uns selbst zu vergessen, um unser Herz ganz öffnen zu können. Hilf uns, daß wir unsere Augen zur Höhe erheben und unsere Schau frei und klar wird. Nimm alles fort, was zwischen uns und der Herrlichkeit des Lichtes steht. Es soll uns durchströmen und uns erfüllen, bis dein göttliches Feuer uns ganz und gar durchglüht.

Hab Dank, Vater. Hab Dank, Jesus.

Urteile nicht nach dem äußeren Schein

Möchtest du einem Kinde in Not – einem Freunde in Not helfen? Dann sieh sie nicht so, wie die Welt sie sieht; sieh sie so, wie Jesus sie sah und sie auch heute sehen würde.

Er sah die Menschen nicht, wie sie sich nach außen hin zeigten, er sah ihre eigentliche Wirklichkeit. Und er will, daß wir seinem Beispiel folgen.

An jenem letzten Abend, an dem er in seiner irdischen Erscheinung auf der Erde weilte, versammelte er die Freunde um sich, die ihm am nächsten standen. Als er das Brot brach und den Wein an sie austeilte, sprach er: „Esset und trinket zu meinem Gedächtnis."

Daß sie ihn nicht vergessen konnten, wußte er wohl. Von welcher Art Gedächtnis sprach er dann? Vielleicht wollte er ihnen das sagen, was er auch uns heute sagt: esset von meinem Leib, trinket von meinem Blut, damit ihr mir gleich werdet, so daß ich wirklich in eurem Fleisch und Blut lebe und ihr fühlt wie ich, denkt wie ich und alles so seht wie ich.

Ist dies nicht die eigentliche Kommunion, die tägliche und stündliche Vereinigung mit ihm, bei der er in wörtlichem Sinne in uns Fleisch wird und wir nicht länger das sehen, was die Welt sieht, sondern durch die äußere Erscheinung und über sie hinaus die Wirklichkeit erblicken, die Er sah?

Er sah nicht den verkrümmten Körper oder die verkrüppelten Glieder des Bettlers an der Tür des Tempels. Er erblickte eine vollkommen schöne Gestalt, männlich, stark, voller Leben, in schnellem, beschwingtem Lauf. So deutlich und so lebhaft stand sie vor seinem Blick, daß er alle, die um ihn waren, dazu brachte, das gleiche Bild zu sehen wie er, und diese Wirklichkeit allen vor Augen stand. Durch seine Liebe, durch die Kraft und das Machtgebot seines Geistes können – nach seinem Wort – auch wir solches vollbringen: ja, noch größere Werke als diese!

Wenn ihr heute euern Tag beginnt, möchtet ihr dann in eurem Innersten davon überzeugt sein, daß ihr völlig verwandelt seid; daß sich etwas in euch ereignet hat; daß ein neues Leben, ein neuer Ausblick und ein höheres Verstehen euch zu einer tieferen Einsicht in das Wesen Jesu Christi geführt hat. Ihr habt den Saum seines Gewandes berührt, und seine Liebe hat euch Heilung gebracht.

Wir danken dir, Vater. Amen.

Bitte um Schutz gegen die Wunden des Lebens

Es sind die kleinen Verwundungen des Lebens, die so tief gehen, und gerade gegen sie kann der Meister uns durch seine Liebe unempfindlich machen. Der kleine Ärger und die kleinen Kränkungen! Birg uns unter dem Mantel deiner Liebe, der uns vor ihnen schützt. Wie einen Lichtkegel laß ihn auf uns fallen, daß er uns ganz einhülle. Bekleide uns mit dem ungeteilten Gewand, mit der vollen göttlichen Waffenrüstung. Es ist nicht der kleinste Riß darin; sie macht uns unverwundbar. Wir wollen uns dicht von ihr umschließen lassen und diese Rüstung niemals ablegen.

Solange wir in der Liebe bleiben, kann unter diesem vollkommenen Schutze nichts an uns herankommen. Nichts kann uns anrühren, nichts schädigen, nichts verletzen!

Solange wir in der Liebe bleiben und niemals kritisch, gereizt und unversöhnlich sind, sind wir gefeit gegen alle Wunden. Denn diesen Mantel des göttlichen Schutzes kann nichts durchdringen, ohne daß es sich in Liebe verwandelt.

Darin besteht die Herrlichkeit der göttlichen Waffenrüstung, daß alles, was mit ihr in Berührung kommt, in Liebe umgewandelt wird. Wenn man hart über uns urteilt, falsche Gerüchte über uns verbreitet oder uns absichtlich zu verletzen sucht, so wird all dies Negative nicht einmal auf den Urheber zurückfallen, – denn die Liebe läßt keinen Pfeil zurückschnellen.

Sie weiß nichts von Vergeltung. Nach den Gesetzen der göttlichen Chemie werden alle zur Liebe emporgehoben durch einen geheimnisvollen Verwandlungsprozeß.

Das ist das Geheimnis, das die Menschen nicht begreifen können: Liebe besitzt die gewaltige Kraft, alles, was nicht Liebe ist, in sich selbst zu verwandeln. Darum können wir diejenigen lieben, die uns beleidigen und verfolgen, – und ebenso die, welche uns unwissend oder gedankenlos weh tun. Alles Verletzende, das uns treffen will, verstärkt nur die schützende Decke der Liebe, und in der Liebe selbst liegt eine Kraft, die nach und nach unsere Gegner zu einem höheren Standpunkt erhebt. Denn alles, was sie tun, geschieht ja aus ihrem Verlangen nach Liebe. Nur ist bei ihnen die innere Seite nach außen gekehrt, und allein das rauhe Futter ihres Gewandes ist allen sichtbar.

Wenn wir das alles in vollem Gleichmut und in Vergebungsbereitschaft, ohne jede negative Einstellung, aufnehmen, werden auch sie allmählich unter den Einfluß der Liebe kommen und durch ihre Macht verändert werden. Denn unsere Nachsicht und Geduld, unser mitfühlendes Verstehen sind die Werkzeuge, die Gott zur Erlösung der Seinen gebraucht.

Wie schön ist das alles! Wie lieblich sind die Schritte der Boten, die so große Freude verkündigen! Wie herrlich ist es,

Meister, daß du uns lehren kannst, diese „Schlingen und Pfeile eines argen Schicksals" umzuwandeln in die erlösende Liebe, die jeden befreien kann, der schmerzlich nach Liebe verlangt und durch die Wunden, die er andern schlägt, sich selbst ohne Not Leiden zufügt.
Hab Dank, Vater. Hab Dank, Jesus.

Bitte um Vertreibung der Furchtgefühle

Warum solltest du dich fürchten, wovor zurückschrecken? Selbst das Veilchen, das unter dem Blattwerk versteckt ist, kämpft sich durch zum Licht und zeigt seine Lieblichkeit vor aller Welt. In jeder Umgebung bleibt es rein und flekkenlos. Es ist voll lebendiger Kraft, die aus- und einströmt, so wie sie auch dich durchströmen sollte, und kann niemals eingeschlossen noch verborgen bleiben.

Das Leben muß aus sich herausgehen und sich ausströmen, es muß empfangen und sich mitteilen, gemäß dem gewaltigen Lebensstrom, der aus dem Herzen Gottes in die Menschenherzen fließt, um wieder zum göttlichen Herzen zurückzufluten.

Blickt auf und seht. Blickt um euch und schaut die Herrlichkeit des Herrn. Schaut euer Heil. Die Gefängnisgitter fallen und die eisernen Vorhänge gehen mehr und mehr in die Höhe, bis der Glanz der göttlichen Liebe hereinbricht.

Breitet die Arme aus. Öffnet sie ganz weit und begrüßt das Leben. Heißt alles willkommen, was es euch bringt. Macht euch frei von allem, was euch zurückhält. Schreitet vorwärts und bergt euch in dem Licht Seiner Liebe.

Von euren Augen wird die Hülle genommen und eure geistige Wahrnehmung wird tiefer dringen. Euer lebendiges inneres Schauen und euer persönlicher Wille werden sich vollkommen decken.

Jedem, der euch begegnet, der euern Weg kreuzt, öffnet eure Arme, eure Liebe, euer Herz, als ob ihr die ganze Welt umfangen wolltet.

Alle Liebe, die ihr in euch habt, laßt nach außen hin strahlen; laßt alles ängstlich Verschlossene aus eurer Seele hervorbrechen, wie eine Blume, die sich in der Sonne entfaltet. Seine Liebe wird euch stützen und halten. Sein Licht wird euch den Weg zeigen und euch segnen.
Dankt eurem Vater, wie wir ihm jetzt danken. Amen.

Hilf uns, im Rhythmus des Lebens mitzuschwingen

Wir wollen so still werden, daß wir den überall pulsierenden Rhythmus des Lebens spüren. Wir wollen die Pulsschläge des Weltalls fühlen, – die Pulsschläge des Lebens, von dem wir ein Teil sind.

Auf diese Schwingungen wollen wir uns abstimmen, und so gelöst, entspannt und frei von uns selbst werden, daß wir uns von dieser Unterströmung tragen lassen können. Es ist wie das Schlagen des Herzens, wie das Ticken einer alten Uhr – tick, tack, tick, tack. Höre, wie sie spricht: „Seid stille – und erkennt, – daß ich – Gott bin." Wenn wir still genug sind, werden wir diesen Rhythmus den ganzen Tag über hören und fühlen.

Übe dich darin, abends, wenn du zur Ruhe gehst. Übe dich, wenn du störende Geräusche hörst, die du ausschalten möchtest. Fange irgendeinen Laut auf, der gleichmäßig schwingt, und nach diesem Rhythmus wiederhole die Worte: „Seid stille – und erkennt, – daß ich – Gott bin." Du wirst finden, daß das Durcheinander aufhört und durch ein Empfinden der Ordnung abgelöst wird.

Wenn du dies eine Weile fortsetzt, wirst du allmählich zu tieferem innerem Wissen gelangen und statt der Worte: „Seid stille – und erkennt" kannst du andere Sätze nehmen: „Ich werde es wissen – ich werde es erfahren – es wird mir gezeigt werden – die Worte, die ich sprechen soll, werden mir in den Mund gelegt – meine Füße werden auf den Weg gestellt, den ich gehen soll – die Tür wird sich vor mir öffnen – mein Pfad wird eben und gerade vor mir liegen."

Weil ich stille bin und erkenne.

Dieser Rhythmus ist ein Weg, der zur Erkenntnis führt. Alles ebnet sich. Ein großes Vorwärtsdrängen wird in dir sein. Laß es frei walten und füge es diesem göttlichen Rhythmus ein.

Sei ganz still und wisse: wenn die Zeit da ist, wenn du bereit bist und die rechten Umstände zusammentreffen, dann wirst du wissen und erfahren und schauen, und die Tür wird sich öffnen. Es ist keine Anstrengung dabei, keine Ungeduld. Ruhe in Gottes Liebe und erziehe dich zur inneren Stille.

Mit der Ruhe der Seele erreichst du zugleich die Einordnung des Körpers und Klarheit des Geistes, so daß die grossen kosmischen Gewalten durch dich hindurch wirken können und du deine Sendung hier auf Erden erfüllst.

Hab Dank, Vater.

Hilf mir, meine Lebensaufgabe zu finden

Wir können nicht alle dieselbe Arbeit tun. Mannigfaltigkeit muß herrschen in bezug auf den Ausdruck unserer Persönlichkeiten; erst durch unsere Verschiedenheit kann sich ein allseitiges Bild des Lebens gestalten. Die Eiche wird ihrer Schönheit keinen Eintrag tun und ihre Kraft nicht mit Wünschen verzehren, daß sie zum Ahorn oder zur Ulme werden möchte. Das Veilchen wird sein zartes Blütenantlitz nicht dadurch verkümmern lassen, daß es zu den hohen Bäumen aufblickt und ebenso groß sein will wie sie.

Jedes lebende Wesen soll die in ihm schlummernde Anlage zur vollkommenen Entwicklung bringen, jedes seinem intuitiv erfaßten Lebensziel zustreben, jedes der Weisung seines Innern treu bleiben – das ist die Aufgabe, die uns gesetzt wurde. Wir sollen nicht danach verlangen, etwas anderes zu sein, als wir sind, und niemals einen andern nachzuahmen versuchen, sondern in unserm Leben uns selbst treu bleiben, in dem Wissen, daß für das Ganze jeder Teil genau so wichtig ist wie jeder andere.

Was der eine an Kraft und Energie hat, besitzt der andere an Bescheidenheit und Anmut. Keiner ist dem andern gleich;

je mehr wir wachsen in der Gnade Gottes, desto mehr prägt sich unsere Eigenart aus, und gerade diese Unterschiede haben ihren unersetzlichen Wert.

Gott hat jeden von uns nötig. Bitte allein darum, daß dir Klarheit darüber gegeben werde, welche besondere Aufgabe du innerhalb des göttlichen Weltplanes erfüllen sollst.

Hab Dank, Jesus. Hab Dank, Vater. Amen.

Gebet für jemand, der Unrecht getan hat

Wir alle haben gesündigt, Meister, schwer gesündigt. Wenn es nicht äußerlich geschehen ist, so ist doch unser Herz schuldig geworden, und wir brauchen heute die volle Vergebung durch deine Liebe. Wir sehnen uns nach Befreiung von dem Schuldgefühl, das in uns allen ist. Daß du uns verstehst, wissen wir. Du hättest nicht die Zöllner und Sünder um dich gesammelt, noch die Sünderinnen zu dir emporgehoben, wenn du nicht auch für uns Verstehen hättest.

Fast ist es, als hörten wir dich sagen: „Du Kind meines Geistes, nicht das, was du getan hast, sehe ich an, sondern das, was du tun *willst*. Ich habe dich lieb, weil die verhärtetste Sünderin unter euch am tiefsten zu fühlen vermag.

„Es war die Stärke deines Gefühls, die dich so tief sinken ließ, aber, liebes Menschenkind, gerade dieses starke Gefühlsleben kann dich ebenso hoch erheben. Ich brauche dich, weil du eines so tiefen Gefühls fähig bist.

„Deine große Liebesfähigkeit, deine schnelle Bereitschaft, alles zu geben, deine große Treue, auch wenn sie irregeleitet war, sind mir wertvoller als die Lauheit im Geben. Laß mich deine Seele anrühren und deine Kraft des Gefühls in meinen Dienst nehmen, so wie ich damals das Herz der Maria Magdalena angerührt habe. Deine Schuld kann ebenso wie die ihre in lauteres Gold verwandelt werden.

„Ich kann alles, was dein ist, dein ganzes bisheriges Leben zu mir ziehen und umwandeln. Von nun an sollst du nie mehr das Gefühl haben, daß ein untilgbarer Flecken an dir haftet, den meine Liebe nicht austilgen könnte. Erhebe dein

Haupt ohne Reue; denn durch die Alchemie meiner Liebe habe ich alles ausgelöscht.

„Nie wieder sollst du ein Gefühl deiner Unwürdigkeit haben. Ganz gleich, was du getan oder unterlassen hast – es gehört nun der Vergangenheit an. Es ist von dir genommen, und es soll dir auch ganz aus dem Gedächtnis schwinden."

Vater, wie gut ist das alles! Wir danken dir. Amen.

Für alle Mühseligen und Beladenen

Mußt du dich oft abquälen, um eine Last zu heben, die dir zu schwer ist? Du beugst dich nieder und setzt die ganze Kraft deiner Arme und deines Rückens daran, und doch hast du das Gefühl, du könntest sie weder von der Stelle bewegen noch anheben. Du mühst dich, bis du von der Anstrengung ganz erschöpft bist. – Richte den Blick nach oben, mein Kind, und sprich: „Hilf mir, Meister, in meiner Not!"

Ach, nur eine leise Berührung seiner Hand, und die ganze Last ist fort! Wer du auch bist, – wenn du nur deine Hand in die Seine legen könntest, alles loslassen, alles Mühen und Kämpfen aufgeben – nur vor ihm kniest und zu ihm aufblickst mit kindlichem Vertrauen! Du siehst dich um, und plötzlich ist die ganze schwere Last verschwunden. Deutlich höre ich dich sagen: „Ach, warum habe ich mich so lange damit herumgequält?"

Verliere keine Zeit mit nutzlosem Bedauern. Den Tagen, Wochen, Jahren, die vergangen sind, sollst du nicht nachtrauern, sondern das Haupt aufrecht tragen. Gehe immer vorwärts, immer dem Licht nach, das dir voranleuchtet. Wenn du dich so verhältst, wird ein einziges Jahr deines Lebens reicher sein als all die langen Jahre vorher. Es handelt sich ja hier nicht um die Zahl der Jahre. Hier geht es um Inhalt und Voltzahl; um die Stromstärke, die du einschalten kannst.

Die Zeit ist niemals verschwendet gewesen. Es war nur ein Aufschub. Danke für alles, was du in deiner Lehrzeit gelernt hast, und wisse, daß jeder von uns, der auf rauhen Wegen geführt worden und über die steinigen Stellen gestrauchelt ist, sich zurückwenden und den nach ihm kommenden Wanderern helfen kann.

Wir kennen den Weg, weil wir ihn gegangen sind. Wir können euch um die großen Steine herumführen, euch über die Stromschnellen helfen, durch die dunklen Wälder und bis zum Fuß der Berge geleiten. Euer Herz sei erfüllt von tiefer Dankbarkeit. Legt eure Hand in die Hand Gottes, und euer Wünschen wird erfüllt werden.

Hab Dank, Vater.

Für die, welche sich selbst vergessen möchten

Wir sollten nach der größten kindlichen Einfalt streben; einer Einfalt, die vor der Welt fast Torheit ist, – so naiv, so arglos, so unbewußt ihrer selbst, daß sie keine Hemmungen kennt, sondern mit nachtwandlerischer Sicherheit die gefährlichsten Wege betritt.

Sie spricht nur die Worte, die ihr gegeben wurden. Sie trifft keine eigenen Entscheidungen, sondern läßt sich überall hin führen. Sie rühmt sich nicht ihrer Vollkommenheit und bläht sich niemals auf.

Sie macht keine Unterschiede unter den Menschen, weil sie weiß, daß wir ja alle Kinder eines Vaters sind. Nur ihm, der führt und leitet, möchte sie die Ehre geben.

Spricht er uns nicht zu, uns selbst immer mehr zu vergessen und so zutraulich und offenherzig wie Kinder zu werden? Wir brauchen die weitherzige Liebe, die alle umschließt; die sich nicht fürchtet, die immer den andern sucht, die aus sich herausgeht, die sich nicht in sich zurückzieht, die nichts von sich selbst weiß.

Laß die Innigkeit und Herzensgüte, die tief in deinem Wesen liegt, auch an der Oberfläche des Lebens sichtbar werden; eine kindliche Innigkeit, die da, wo sie sich mit Übung und Selbsterziehung, mit Lerneifer und einer zur Höhe entwickelten Begabung vereint, allem erst den rechten

Wert gibt. Denn sie fügt der Persönlichkeit die Ober- und Untertöne hinzu, mildert die Schärfe der Konturen und findet unmittelbar den Weg zu den Herzen.

Meister, laß uns darin dir gleich werden, damit die Menschen die Innigkeit deiner Liebe auch in uns empfinden. Wir möchten wie die Kinder werden, unser selbst ganz unbewußt; dann können wir dir und denen, die dich suchen, dienen.

Hab Dank, Jesus. Amen.

Wie Jesus heilt

Wird es dir schwer zu glauben? Denke einmal darüber nach, auf welche Weise Jesus die Menschen geheilt hat. Er hatte weder Arzt noch Krankenhaus, weder Krankenschwestern noch Medikamente zur Verfügung und stellte keine Diagnosen. In einem Augenblick, durch ein Anrühren, ein Wort, einen Blick, heilte er alle, die zu ihm kamen, und sie gingen gesund von ihm fort.

Er ist nicht durch zwei Jahrtausende von uns getrennt. Er ist auch jetzt noch hier und steht neben uns. Wie damals wandelt er auch heute mit uns am See Genezareth. Sein liebendes Auge sucht uns, sein forschender Blick sieht uns durchdringend an. Nur zwei Fragen richtet er an uns, – die gleichen, die er an den Kranken am Teich von Bethesda stellte.

„Willst du gesund werden?" Das ist die erste. Damit will er sagen: Hast du den Willen, das ganze Leben, so wie es ist, auf dich zu nehmen und dir darin deine Aufgabe zu suchen?

Wenn er dir Kraft und Gesundheit wiedergibt, bist du dann willens, sie ihm zurückzugeben, vermehrt und erhöht durch die Freude, ihm zu dienen?

Und das ist die zweite Frage: „*Glaubst* du, daß ich es tun kann?" – Wenn du es wirklich glaubst, dann wird es gleich jetzt, zu dieser Stunde, an dir wahr werden.

Manchmal sagen wir wohl, daß wir glauben, haben aber nicht den Mut, den dritten Schritt zu tun und unserm Glauben gemäß zu handeln. Wir haben uns ja nur aufzumachen und das zu nehmen, was für uns schon bereitliegt. Es ist gar nicht nötig, unaufhörlich weiter zu fragen und zu bitten und zu flehen. Mache dich heute auf in der felsenfesten Überzeugung, das, was du im Glauben erbeten hast, sei bereits geschehen. Es wartet nur darauf, daß du es erkennst und an dich nimmst.

Sage ganz einfach: „Hab Dank, Vater, hab Dank, Jesus, ich weiß, daß es so ist."

Dringe ein in das Land und nimm es in Besitz!

Zur Überwindung der Menschenscheu

Die Menschen, welche in der Verwirrung den rechten Weg verloren haben, – die Einsamen, die keine Liebe finden können und nach Mitgefühl hungern, – sie alle möchten wir mit dem Manna des Herrn speisen – mit seiner Liebe.

Wie beim Atemholen laßt uns die große, unpersönliche Gottesliebe einatmen und sie wieder ausströmen an jene, die nach dieser Liebe hungern und dürsten. Atme sie tief ein und wieder aus. Um Liebe zu empfangen, müssen wir Liebe geben. Um Liebe zu geben, müssen wir uns selbst völlig vergessen.

Wenn du in ein Zimmer kommst und dich scheu und verlegen fühlst, richte deinen Blick einen Augenblick fest auf irgendeinen Menschen in diesem Raum und sage dir: „Hier ist ein Mensch wie ich. Welcher Art mag er sein? Ob er wohl glücklich ist? Das möchte ich gern wissen."

Und du wirst finden, daß alle Schüchternheit und Verlegenheit plötzlich von dir abfällt, nur weil du dich in einen andern hineindenkst.

Unser Leben bringt uns Tag für Tag mit anderen zusammen – dem Milchmann, dem Bäckerjungen oder der Hausmeistersfrau. Wenn du ihnen begegnest, schaue sie freundlich an. Du brauchst gar nichts dabei zu sagen, sondern ihnen nur das Gefühl zu geben, als ob du ihnen die Hand gereicht hättest. Verhalten sie sich dann ablehnend, denke daran, daß die Ablehnung eigentlich Ihm gilt, und sie nicht wissen, was sie zurückweisen. Wenn du sie nach einer Weile wieder einmal freundlich grüßt, werden sie sich nicht von dir abwenden.

Wir brauchen so wenig zu tun, und doch ist für manche von uns, die sich niemals bemüht haben, sich in ein anderes Leben hineinzuversetzen, dies Wenige schon so ungeheuer schwer. Aber es ist der sicherste Verbindungsweg, auf dem die Liebe weitergeleitet wird und ihren Kreislauf vollenden kann. Was wir lernen müssen, ist das Niederbrechen der Schranken unseres Ich, die uns unser Getrenntsein von den anderen viel zu sehr bewußt machen. Wir brauchen die göttliche Erkenntnis, daß wir alle eins sind, eins untereinander und eins mit Jesus Christus und unserm himmlischen Vater. Denn dies war das Gebot, das er uns beim Abschied gab – einander zu lieben, wie er uns geliebt hat.

Bitte um klarere Erkenntnis

Du bist wie ein Spiegel: er fängt das Licht auf, das sich in ihm in wunderbar schönen prismatischen Farben bricht. Deine Kraft liegt darin, daß du die Schönheit im Leben anderer offenbar machen kannst.

Oft siehst du die anderen wie in einem Spiegel. Du nimmst den wirklichen Menschen wahr und zugleich sein Spiegelbild. Durch die Fähigkeit der inneren Schau vermagst du den wirklichen Menschen von seinem Spiegelbild zu unterscheiden.

Oder du siehst die andern, als ob sie hinter einer Maske verborgen wären. Eine klarere Erkenntnis nimmt die Maske fort und zeigt dir die Menschen so, wie Gott sie gewollt hat.

Meister, laß diese Kraft der inneren Erkenntnis in uns zunehmen, damit wir das sehen, was du sehen würdest, und das tun, was du tätest.

Hab Dank, Jesus. Hab Dank, Vater. Amen.

Hilf uns zu werden, was wir sind

Jesus sagte zu Nathanael: „Siehe, ein Mensch, in welchem kein Falsch ist." Er gehörte zu den durchsichtigen Seelen, die ganz vom Licht durchglüht zu sein scheinen.

Hab ein bißchen mehr Mut und Vertrauen, dann kannst auch du vom inneren Licht durchleuchtet sein. Nichts anderes brauchst du zu tun, nur leuchten; sei nur du selbst, auch wenn dir dein Selbst noch so alltäglich und bruchstückhaft erscheinen mag.

Wenn du alle Liebe deines Herzens im Dienste deines Meisters an einem einzigen Punkt sammelst, dann wirst du zu einem Lichtpünktchen, das seine Strahlen weiter auszusenden vermag als mancher große Scheinwerfer, bei dem ein Teil der Helligkeit an den Lichträndern verlorengeht.

Es wird von uns nicht verlangt, daß wir irgendeinem andern gleich sind. Gott will, daß wir nur wir selbst seien; keiner soll genau so sein wie ein anderer. Denn gerade diese Mannigfaltigkeit in der Einheit ruft die stärkste Ausstrahlung seiner Liebe und seiner Kraft hervor.

In der Entwicklungsgeschichte gab es eine Periode, in der die Vermehrung der Lebewesen durch einen Teilungsprozeß stattfand, bei dem ununterbrochen ein kleines Leben aus dem anderen hervorsproß. Diese ungebrochene Kontinuität war Unsterblichkeit. Dann machte die Weiterentwicklung des Lebens Veränderungen notwendig: zwei Einzelwesen brachten ein drittes hervor, um wieder in das All zurückzukehren. Durch diese Veränderung haben wir – wie man es vielleicht ausdrücken könnte – unsere Unsterblichkeit verloren.

Wie kurzsichtig sind wir aber; wie wenig erkennen wir! Denn gerade durch diese Differenzierung wurde der große Fortschritt in der Entwicklung des sittlichen Lebens möglich, der uns Gott näher brachte. Wir wollen nicht alle gleich sein, und wir können es auch nicht. Wir wollen keine Uniform tragen. Blicke niemals auf einen anderen Menschen mit dem Verlangen, deine Persönlichkeit möge sich in derselben Weise ausdrücken wie die seine. Sei nur du selbst.

Bitte um Lösung von Spannungen

Laß keine Spannungen in deinem Körper zu. Löse und lockere dich; stelle dir vor, daß nichts zu tun sei und du dich gar nicht anzustrengen brauchtest. Versuche nicht, irgend etwas zu lernen oder zu verstehen, auch nicht zu beten. Ruhe aus und laß alles gehen. Suche nur eines: die immer zu deiner Verfügung stehende Kraft des Pfingstgeistes wahrzunehmen und zu fühlen.

Laß diese Kraft dich durchströmen, ganz bewußt, laß dich von ihr erwärmen wie von der Sonne, in einem tiefen Empfinden des Wohlbehagens und der Geborgenheit in der grossen Liebe. Du fühlst, daß du nicht bedeutungslos bist, daß Gott dich braucht. Du fühlst sehr stark, daß du notwendig bist. Wie kann er sich ausdrücken ohne dich? Wie kann sein Werk getan, sein Reich erbaut werden, sein Himmel auf die Erde kommen, wenn er nicht durch dich und andere Menschen gleich dir wirken, leben, sprechen und sich ausdrükken kann? Deine Seele wird weit; du fühlst, wie du dich emporreckst und dich der Sonne öffnest wie eine Blume.

Wenn du ganz und gar entspannt bist, wirst du frei von aller Unruhe. Du bist still, ganz still, und doch wirst du in dieser Stille ein inneres Licht wahrnehmen, und eine große Bewegtheit wird um dich sein und durch dich hindurchfluten. Du schwingst mit in dem pulsierenden Leben und der schöpferischen Kraft, die jetzt ausgelöst wird. Sie erneuert jede Zelle, jede Muskelfaser, jedes Gewebe. Jedes Organ wird gekräftigt und belebt.

Diese Empfindung durchdringt deinen ganzen Körper; deine Hände sind warm bis in die Fingerspitzen. Doch bleibst du vollkommen still und hell wach. Du fühlst, daß du von einer Lebendigkeit erfüllt bist, die vollkommene Harmonie bedeutet. Alle Teile deines Körpers wirken in vollem Einklang zusammen.

Hab Dank, Vater. Hab Dank, Jesus. Amen.

Eine Bitte um das befreiende Lachen

Ich wünschte, daß du eine Tür in deinem Inneren öffnetest, – die Tür, hinter der das Lachen eingeschlossen ist. Ich wünschte, daß eine bis dahin zurückgedrängte Fähigkeit in dir befreit wird: ein leichter Sinn, der eine Gabe des göttlichen Geistes ist.

Diese Gottesgabe hilft uns, alles leicht zu nehmen, wie ernst, wie düster, wie schwer es auch erscheinen mag. Es ist das leichte Anrühren, die Schwerelosigkeit der Distelflocke, ein Leichtnehmen, das sich in alle Dinge wahrhaft einfühlt und hinter dem äußeren Schein die Wirklichkeit sieht. Dies einfühlende Verstehen finden wir bei allen großen Humoristen. Bei der Betrachtung dessen, was Menschen geschaffen haben, lachten sie; es entsprach nicht der Wirklichkeit.

Ganz tief in dir liegt diese Fähigkeit. Laß sie heraus ans Licht, laß sie hervorsprudeln und ihren Lauf nehmen! Sie reicht hinab in das lebendige Wasser, das nie versiegt und dir, wo du auch bist, stets von größter Hilfe sein wird. Es macht alles Schwere erträglich. Welch kostbare Gabe ist dieser leichte Sinn, dieses Lachen Gottes.

Vater, wir danken dir dafür.

Für einen vom Schöpferdrang erfüllten Menschen

Das große schöpferische Leben treibt und drängt vorwärts, bis es ein Werkzeug findet, das ihm Ausdruck verleiht. Wir müssen innerlich frei werden, um ihm zum Ausdruck zu verhelfen.

Wenn wir nur einfach uns selbst dahinzugeben vermöchten, mit all unseren Gaben und Fähigkeiten, wie gut könnte Gott uns dann gebrauchen! Unser Widerstand ist jedoch wie ein harter Panzer, und so werden wir immer unempfindlicher gegen das schöpferische Drängen und Treiben. Aber ein ewig unbefriedigtes Entbehren bleibt in uns, ein nie gestilltes Verlangen. Wir tasten umher, als ob unsere Augen getrübt wären.

Harre auf den Herrn in ruhigem Vertrauen, und laß den lebendigen Schöpferdrang in dich ein. In der Geborgenheit der göttlichen Liebe laß ihn sich auswirken, ohne Furcht; nicht genug ist es, wenn du sitzt und träumst und dein Geist dir Bilder malt, – du mußt ihnen auch äußeren Ausdruck geben. Tue das, wozu es dich drängt. Sei voller Erwartung und setze deinen kleinen Schaffensdrang da ein, wo Taten getan werden.

Laß die Kraft dich frei durchströmen, dann wird alles Entbehren sich in Glück verwandeln und alles Verlangen gestillt werden. Nichts anderes kann dir solch tiefe Lebenserfüllung bringen. Unser Leben wird sich ganz in Gott verlieren, und wir wissen, daß es so am besten und weisesten angewandt wird.

Vater, hab Dank.

Für einen Allzueifrigen

Die Knospe öffnet sich langsam. Je fester sie in sich geschlossen ist, desto schöner sind die sich später entfaltenden Blütenblätter. Sei nicht ungeduldig; frage demütig nach der Ursache der Verzögerung. Denn sie hat immer eine Ursache.

Bete immer wieder: „Meister, zeige mir, was ich nach deinem Willen tun soll, was ich zu lernen habe. Ich bin bereit. Sage es mir." Wenn die rechte Zeit kommt, wird die Tür sich öffnen, und du wirst sie ohne Zögern durchschreiten.

Wir müssen viele Stunden auf den Herrn harren, um unterscheiden zu lernen zwischen dem, was wir gern möchten, und den Wahrheiten, die Er durch uns aussprechen will. Manchmal sagen wir: „Ich bin bereit", aber eigentlich meinen wir: „Ich warte voll Ungeduld."

Sei nicht übereifrig, mein Kind. Warte in aller Gelassenheit, wie die Blume am Wegrand auf ihre Blütezeit wartet. Freue dich des Lebens, seiner Wunder, seiner Schönheit und Herrlichkeit und zügle deine Ungeduld. Energien sammeln sich an, vereinigen sich und bereiten dich darauf vor, daß tiefere Weisheit durch dich sprechen und größere Liebe in dir wirken kann.

Je mehr wir im Bewußtsein der Gegenwart Gottes leben, desto näher ist er uns und desto inniger wird unsere Beziehung zu ihm, bis wir schließlich mit ihm Zwiesprache halten und er mit uns. Wenn wir gelernt haben, seiner Stimme und seiner Weisung aufmerksamer zu lauschen, wird unsere innere Wahrnehmung immer feiner werden.

Eines der großen Gebote des Geistes fordert Gehorsam von uns. Wir müssen hören lernen und der Führung, die uns beim stillen Lauschen zuteil wird, auch folgen.

Robert Browning sagt:

Blick ich hinein in mein Herz und hinaus in das Leben,
Beugt sich die Seele in Demut und fühlt sich erhoben
 zugleich, –
Daß sich nie-vollendetes Menschenwerk wieder und wieder
Unterwerfen muß der göttlichen All-Vollendung.
Jedesmal, wenn ich dann in Ehrfurcht mich völlig ergeben,
Werd ich aufs neue emporgetragen zu seinen Füßen.

Bitte um größere Fülle des Lebens

Manche Seelen erscheinen uns ganz nach innen gekehrt; sie haben sich wie in einem Netz der Schüchternheit und Ängstlichkeit gefangen.

Sie blicken in die Welt hinaus mit hungernden Augen, wie kleine Kinder, die andere beim Spielen beobachten, selbst aber nicht mitspielen. Kinder mit traurigen Augen, die alles darum geben würden, nur um dabei zu sein, um mitzulaufen und mitzulachen. Aber irgend etwas in ihnen hält sie zurück.

In vielen von uns ist solch ein Hemmnis, das uns jahrelang nicht dazu kommen läßt, das Leben in seiner vollen Schönheit zu genießen; viele wissen nicht einmal, daß sie kein volles Leben leben, bis irgend etwas sie im Innersten berührt und lebendig macht.

Das wollte Jesus tun, als er davon sprach, uns „das Leben und volle Genüge" zu geben. Er wollte alle Herzen der Fülle des Lebens öffnen, Ketten zerbrechen und Gefangene befreien.

Nur die große Innigkeit seiner Liebe kann in vielen Fällen das erreichen. Er sah Starr Daily, einem Verbrecher, in die Augen und zog seine Seele ans Licht, wie ein Magnet ein Stück Eisen anzieht. Er kehrte ihm das Innerste nach außen. Das, was er in sich verschlossen hatte, fand in einer großen Offenbarung den Weg ins Freie. Durch Jesu Hilfe fiel alles Vergangene von ihm ab.

Mit unserer sorgenden Liebe möchten wir erleben, wie Seine Liebe die befreit, für die wir beten. Wir möchten das kleine Mädchen oder den Jungen mitten in den Kreis der andern setzen und sehen, wie sie den Ball auffangen, wie sie, vom Rhythmus des Spiels beschwingt, nichts anderes mehr empfinden als die reine Freude an der lebhaften Bewegung. Wir wissen, Meister, daß deine Liebe dafür groß genug ist, und wir danken dir, indem wir unsern Nächsten deiner erlösenden Liebeskraft anvertrauen.

Vater, hab Dank. Amen.

Für den, der glaubt, daß alle Dinge möglich sind

Als Jesus zu dem Vater des epileptischen Knaben kam, nachdem die Jünger nicht vermocht hatten, ihn zu heilen, sprach der Mann zu ihm: „Wenn es dir möglich ist, uns in unserm Elend zu helfen, dann bitte ich dich, meinen Sohn zu heilen." In Jesu Antwort lag unausgesprochen die Frage: Warum soll es mir nicht möglich sein? – „Alle Dinge sind möglich dem, der da glaubt."

Diese Kraft des Glaubens gibt uns die Fähigkeit, etwas bildhaft vor uns hinzustellen. Wir müssen *glauben*, daß es möglich ist. Damit sehen wir vor uns ein Bild dessen, was wir erbitten; wir erblicken es schon als geschehen. Innerhalb dieses vollendeten Geschehens sehen wir uns selbst bereits handeln.

Auch wenn heute unsere Kraft dafür noch nicht ausreicht, so sehen wir doch in der Phantasie, der höchsten schöpferischen Kraft des Menschen, daß wir die Dinge tun, die wir tun möchten, und zwar normalerweise. Das, was wir für möglich halten, werfen wir auf den Bildschirm unserer Phantasie. Dort sehen wir uns leben und handeln; wir hören uns selbst sprechen und versetzen uns ganz in das Bild hinein.
Wir brauchen uns nur zu erinnern, daß die Verwirklichung von der Stärke unseres Verlangens abhängt. Was wir mit aller Kraft wünschen und in unserer Vorstellung tun, sagen oder sind, wird sichtbare Gestalt annehmen. Nichts kann das verhindern. Wenn wir glauben, daß es möglich ist, wird es Wirklichkeit.
Der Meister gebietet: „Gehe hin und sei gesund."

Kommt her zu mir, ich will euch Ruhe geben für eure Seelen

Wir hören die Stimme des Meisters sprechen: „Ich möchte deiner Seele Ruhe bringen. Ich möchte dir die Hände auflegen, dich von aller Furcht befreien und alle Spannungen in dir lösen.

„Wie ein kleines Kind möchte ich dich in meine Arme nehmen und dich in meine schützende Liebe einhüllen, bis du das Gefühl unbedingter Sicherheit und Geborgenheit hast. Mein ganzes Sein möchte ich in dich einströmen lassen, damit nichts dich berühren, schmerzen oder verwunden kann. Nichts kann an dich herankommen; meine Liebe breitet sich dicht um dich, und nichts kann sie durchdringen.

„Ruhe aus in dem Gefühl dieser Geborgenheit. Dabei wird ein tiefes Wohlbefinden über dich kommen, und zugleich wird dir die Gewißheit, daß alles Disharmonische sich in Harmonie auflöst, jeder Mißklang sich in den vollen Akkord der Gesundheit verwandelt und deine Lebenskraft jeder Anforderung genügt. Vor allem wird eine innere Freudigkeit wie ein feiner Duft in allem, was du tust, zu spüren sein, auch wenn dein Tun ganz unbedeutender oder alltäglicher

Art ist. Mag deine Arbeit noch so untergeordnet sein, das Licht meiner Liebe wird ihr Schönheit verleihen.

„Mühe dich nicht darum. Habe nur für ein Weilchen das starke Gefühl, daß du von diesem neuen Empfinden des Lebens und des Friedens durchdrungen bist. Wenn die Zeit erfüllt ist, wirst du klar sehen. Die Tür wird sich öffnen, und du wirst dem Leben gewachsen sein. Solange gedulde dich und wisse, daß meine Liebe mit dir geht."

Hab Dank, Jesus. Hab Dank, Vater. Amen.

Für einen, der die Gabe des Humors besitzt

Es gibt viele Instrumente, auf denen der Meister zu spielen vermag, und viele verschiedene Melodien, die er ihnen entlocken kann. Auch der Humor ist eine solche Melodie. Mit einem sprühenden, funkelnden, glücklichen Humor lassen sich vielleicht mehr Kümmernisse weglachen als wegbeten.

Wie segensreich ist diese Gabe, die nur der besitzt, welcher die Melodie des Lebens hört und fähig ist, den äußeren Schein der Dinge zu durchschauen. In einer eigenen liebenswürdigen und ansteckenden Weise kann er das Schwere weglachen. Wenn du leichten Sinn und goldenen Humor hast, laß ihn dir niemals nehmen. Es gibt Menschen, die diese Gabe in dir mißbilligen und sie unterdrücken möchten; aber sie ist dir von Gott gegeben, daher pflege sie und preise sie. Wenn ein großer Humorist uns geschenkt wird, in dem die barmherzige Liebe Gottes lebt, dann kann er der Welt, ohne sie lächerlich zu machen, zeigen, wie töricht und närrisch sie ist.

Und die Menschen lieben ihn darum, denn sie wissen, sein Humor ist ohne Sarkasmus und Bitterkeit, ohne Verdammungsurteil. Er kann über die Verdrehtheit unseres Tuns lachen und uns dadurch helfen, sie zu überwinden; denn eine Sekunde lang sehen wir die Dinge mit seinen Augen. Unsere Last wird leichter und die Bürde erträglicher.

So hat Mark Twain sich mit seiner tiefen Einfühlungsgabe über die Welt lustig gemacht. Niemals sarkastisch oder bitter, zeigte er den Menschen die lächerliche Seite der Dinge und machte ihnen die Schwere des Lebens leichter, indem er es leicht nahm.

Dieser Humor belebt unsern Horizont mit farbigem Glanz. Hege und pflege ihn und verstecke ihn nicht vor den andern! Wir sind allen, die Humor besitzen, dankbar. Mögen sie ihn unter Gottes Führung zu seiner Ehre gebrauchen.

Hab Dank, Vater. Hab Dank, Jesus.

Für einen, der das Reich Gottes sucht

Zu einem Leben im Geiste gehört unbedingte Ehrlichkeit. Wir dürfen uns hier nichts vormachen. Mancher, der am Beginn des Weges nur Schönheit, Friede und Harmonie zu finden hoffte und dann an die Stelle kommt, wo er die Notwendigkeit der Selbstzucht einsieht, möchte ihr gern ausweichen. In einem solchen Falle wäre es besser, jeden weiteren Versuch aufzugeben.

Viele haben die Anziehungskraft des Geistes erfahren und bringen nun ihre Wunschträume mit. Wenn sie sehen, daß sie ihre Gefühle beherrschen und härter gegen sich werden müssen, fühlen sie sich betrogen.

Aber man kann diesen geraden, schmalen Weg nicht gehen, ohne auch harte Lehren zu lernen. Die Liebe, welche körperlich-seelische Heilung bringt, ist keine sentimentale oder eigensüchtige Liebe, keine Liebe, die eine Gegenleistung fordert. Es ist eine Liebe, die auf alles verzichten kann.

Um diese göttliche Liebe zu finden, muß man streng gegen sich sein können und bereit, sich selbst zu verleugnen. Vor allen Dingen muß man den Trieb des eigenen Ich, sich in den Vordergrund zu drängen, immer wieder dämpfen.

Als die Söhne des Zebedäus, durch ihre ehrgeizige Mutter aufgestachelt, Jesus um die höchsten Ämter in seinem Reich baten, fragte er sie, ob sie ihm auf seinem Wege folgen würden? Er wußte, wie wenig sie sich über das klar waren, was sie erstrebten. Hier geht es nicht um ein Kinderspiel, und man muß gewissenhaft erwägen, ob man schon ganz bereit ist, sein Selbst völlig unterzuordnen.

Das Leben des Geistes hat seine strengen Regeln, die Gehorsam fordern. Meister, gib uns Mut und Kraft, die Probe zu bestehen; gib, daß wir Herr werden über unser niedriges Selbst. Dann kann unser Ich sterben, und wir können nach dem Durchgang durch den Kreuzestod mit dir eingehen in unseres Vaters Haus, in dessen vielen Wohnungen der Dienst unser wartet.

Hab Dank, Vater. Hab Dank, Jesus.

Hilfe für unsere Kinder

Während du um deine Kinder beschäftigt bist, merkst du manchmal, daß etwas bei ihnen nicht stimmt. Dann kannst du ihnen auf die einfachste und sicherste Weise von Nutzen sein, wenn du alles andere liegen läßt und dich neben ihrem Stühlchen oder ihrem Bett niederläßt. Du brauchst sie gar nicht zu berühren. Bleib nur bei ihnen und laß sie deine ständige Liebe spüren.

Sie mögen spielen oder schlafen oder mit Fieber zu Bett liegen: bleibe bei ihnen sitzen, habe sie lieb, – und laß sie das empfinden. Sage ihnen mit Worten oder in Gedanken (wie es dir das beste scheint), wie gut sie sind und welche Freude sie dir machen. Sag ihnen, was du von ihnen erwartest, und womit sie dich glücklich machen können. Sprich weiter zu ihnen im Schweigen und verbringe einen halben oder auch einen ganzen Tag mit ihnen. Ihr Zustand wird sich schnell bessern.

Wir alle haben das Gefühl der Geborgenheit nötig. Auch wir sind Kinder, du und ich. Wir brauchen die Zusicherung der göttlichen Liebe und das Wissen, daß Gott für uns sorgt und uns fest in seinen Armen hält; daß wir ihm wichtig sind, und daß er über uns wacht. Das ist nicht bildlich gesprochen: es ist Wirklichkeit. Wir haben dann das Gefühl der Sicherheit und des Wohlbefindens, das für alles Lebendige zum Wachstum nötig ist.

Dies gilt für Pflanze und Tier, für Kinder und Erwachsene. Wir brauchen die Sonne, das Licht und das Wasser seiner Gnade. Dann hat das Kindlein seinen Segen empfangen.

Vater, hab Dank.

Für einen still Wartenden

Es muß immer Menschen geben, die Geduld gelernt haben und bereit sind, in der Stille auszuharren. Nicht immer haben die am meisten zu geben, die vorwärtseilen. Sie haben bereits ihren Lohn empfangen, wie der Pharisäer, der in der Öffentlichkeit betete. Aber der still Wartende ist der Pfeiler, der das Gottesreich trägt; seine Geduld ist der feste Grund, auf dem jeder Bau errichtet werden muß.

Sehr viel innere Kraft ist nötig, um den Tempel Gottes zu unterbauen. Denken wir an die massiven Fundamente einer Brücke, die unsichtbar, unauffällig und schmucklos das Brückengewölbe tragen, das ohne sie nicht feststehen könnte. Diesen festen Felsgrund erkannte Jesus in Petrus. Er wußte, daß er auf solchem Grund bauen konnte.

Laß die Pein des langen Wartens zum Licht in deinem Herzen werden. Es wird mit seinem Schein dein ganzes Wesen erwärmen, denn es hat ja so viel Gutes in dir vollbracht. Er wird dir helfen, die Last zu heben, bis du ihr Gewicht gar nicht mehr empfindest und dich nur noch von Seiner Kraft beschwingt fühlst. Lebe in dieser Kraft, dann wird sich deine Niedergedrücktheit und Müdigkeit in Loben und Danken verwandeln.

In Seinem Namen. Vater, hab Dank.

KERN∮THERAPIE

(Über den Segen der Fürbitte)

Kern-Therapie

(Über den Segen der Fürbitte)

Das Wort Nucleus oder Kern bedeutet den Mittelpunkt oder zentralen Teil einer Struktur, die um ihn angeordnet ist. Dementsprechend haben wir den Ausdruck „Kern-Therapie" geprägt.

Der Kern ist also auch das lebendige Herzstück einer Zelle. Wenn wir gemeinsam beten, so denken wir auch an die Ausstrahlungen, die von einem Gebetszentrum ausgehen. Wo sich eine Gruppe in schweigender Meditation zusammenschließt, sind darin außer dem „Kern", d. i. der Gruppe selbst, immer noch andere mit einbegriffen.

Wenn eine solche Gemeinschaft sich abschließt, wenn sie sich nur auf die Teilnehmer und die ihnen Nahestehenden beschränkt, dann werden der Auswirkung der göttlichen Kraft Grenzen gesetzt. Durch die unbegrenzte Hingabe einer Gruppe kann die Kraft der heilenden Liebe Gottes in die Welt hinausströmen und viele Einzelleben berühren.

Erhält unsere gemeinsame Fürbitte nicht einen großen Aufschwung, wenn wir wissen, daß überall dort, wo eine Gruppe in ernstem Gebet eins geworden ist, die Kraft nicht nur die Versammelten selbst durchströmt oder die, denen ihre Fürbitte im besonderen gilt, – sondern daß diese Heilkraft weit darüber hinaus wirksam wird und Einlaß findet in viele wartende und empfängliche Seelen?

Wenn wir allein oder gemeinsam beten, so sollen wir daran denken, daß irgendwo vielleicht ein Mensch gerade in tiefster Verzweiflung ausruft: „Mein Gott – oder du unbekannte Macht, die größer ist als ich, – hilf mir!" Dann wird die von dir oder von der Gruppe ausstrahlende Liebe und Heilkraft ihren Weg zum Herzen jenes Verzweifelten finden, so wie das Wasser überall die gleiche Höhe zu erreichen strebt. Und ein Empfinden tiefen Friedens wird ihn durchdringen.

Er selbst wird niemals etwas davon erfahren, auch die Gruppe nicht. So soll es auch sein; denn wir schöpfen hier aus der Kraft der göttlichen Liebe, die keine Belohnung, keine Erwiderung, nicht einmal einen Dank haben will. Sie fragt nicht nach irgendwelchen Ergebnissen. Sie strömt sich nur aus, ununterbrochen, ohne Aufhören.

Der Segen dieser „Kern-Therapie" wird immer sichtbarer, je öfter wir sie anwenden. Wir schauen im Geiste eine neue Art geistiger Gemeinschaft, die ich, vielleicht etwas gewagt, als „geistigen Kommunismus" bezeichnen möchte. Sind wir soweit gekommen, dann können wir uns für eine große dynamische Bewegung des geistigen Kommunismus einsetzen. Wenn irgend etwas dem materialistischen Kommunismus entgegenwirken kann, so muß es aus dem Geiste kommen.

Viele hohe menschliche Grundsätze wurden aus einer Gemeinschaft heraus geboren, die sich ganz einem großen Ziel gewidmet hatte. Nicht nur Leid und Unglück trieben sie dazu. Frankreich hat uns die erhabenen Gedanken der Freiheit, Gleichheit und Brüderlichkeit gegeben. Sie erwachten in den Herzen eines großen Volkes, das viel gelitten hatte und nach den tieferen Wahrheiten des Lebens suchte. Diese Ideen rissen die Massen mit wie eine gewaltige religiöse Erweckungsbewegung; aber sie vergaßen, Gott an die Spitze ihrer Bewegung zu stellen. Sie machten den Versuch, ohne Ihn der Zukunft ein neues Angesicht zu geben und neue, dauernde Grundlagen zu schaffen. Auf der andern Seite des Atlantik kamen diese Ideale der Freiheit, Gleichheit und Brüderlichkeit in einem neuen Erdteil zu wirklichem Leben. In Amerika brachten sie Frucht; denn unsere Vorväter nahmen Gott hinein in die neue Bewegung.

Erleben wir heute eine Wiederholung der Geschichte? Geschieht das Gleiche vor unseren eigenen Augen? Auch die russische Revolution erwachte in den Herzen eines grossen Volkes, das viel gelitten hatte und nach den Wahrheiten des Lebens suchte. Auch diese Bewegung entzündete sich an der Idee, daß der einzelne für die Gesamtheit leben müsse. Aber auch hier vergaß man, daß keine große Bewegung ohne göttliche Führung ihr Ziel erreichen kann. Auch hier versuchte man es ohne Gott.

Möge auch darin die Geschichte sich wiederholen, daß diese große Bewegung in einem andern Erdteil, etwa in Japan oder Indien, Frucht trägt, wo andere Millionenvölker, durch Leiden niedergebeugt, bereit sind, Gott an die Spitze ihres Staates und ihres ganzen Lebens zu stellen. Die Grundsätze der Demokratie, vereint mit der opferbereiten Gesinnung Christi, – das ist die Ideologie des neuen Zeitalters, die sich heute herausbildet. Es ist der Glaube vieler, daß die sich in unsern Tagen entwickelnde Gruppen-Therapie von viel tieferer Bedeutung ist als es bei oberflächlicher Betrachtung aussieht.

Wenn wir uns auch in der Hauptsache dieser Kern-Therapie widmen, so ist die persönliche Unterredung manchmal doch wichtig und notwendig. Unter der uns zur Gewohnheit gewordenen Art, eine Lebensgeschichte zu erzählen, verbirgt sich oft eine andere Geschichte, der man sich niemals wirklich gestellt hat, bis sie durch eine innere Notwendigkeit, das Verlangen nach Befreiung oder auch durch die Beobachtung anderer und die Fürbitte für sie an die Oberfläche dringt. Es ist oft ein tief erschütterndes Erlebnis.

Nur selten kommt es zu einer solchen Katharsis, einer solchen Reinigung der Seele, in der wir unser Innerstes bis zum letzten vor Gott bloßlegen. Adam und Eva werden uns geschildert, wie sie im Garten Eden nackt und bloß vor dem Herrn standen. Denn du mußt hüllenlos vor Gott stehen. Kein Alibi kann dich decken; nichts kann zwischen dich und deinen Schöpfer treten, nichts in dir bleibt verborgen. Alles mußt du von dir werfen.

Wenn wir auch glauben, daß die persönliche Unterredung manchmal wichtig und notwendig ist, so haben wir doch erkannt, daß die heut übliche Form der Aussprache mit Ärzten und Seelsorgern umgestaltet werden müßte. Viele sehen nicht, daß eine negative Vorstellung, zu der man immer wieder zurückkehrt, sich dem Unterbewußtsein immer fester einprägt. In Merrybrook wurde es uns klar, daß man mit der alten Gewohnheit brechen müsse. Im Gebet suchten wir einen neuen Weg. Statt aller Antwort möchte ich hier erzählen, wie es uns mit Harriet erging. Als sie zu uns kam, machte sie den Eindruck eines Menschen, der voll von seelischen, körperlichen und geistigen Problemen steckt. Sie war eine schöne Erscheinung, aber anscheinend seelisch schwer belastet. Am Abend ihrer Ankunft stellte sie die übliche Frage: „Wann kann ich zu einer persönlichen Unterredung zu Ihnen kommen? Ich habe Ihnen so vieles zu erzählen." Wir gingen gerade durch den Garten, Arm in Arm, durch die herrlichen Anlagen unter den großen Ahornbäumen. Wir sagten zu Harriet:

„Wir sehen, daß Sie viele Probleme mit sich herumtragen, und daß sie unter Spannungen leiden, vielleicht auch unter hohem Blutdruck. Sie suchen bei uns Erholung und innere Erneuerung und möchten gern alles, was Sie bedrückt, hier zurücklassen. Ehe Sie von uns fortgehen, wollen Sie Frieden der Seele und Heilung des Körpers finden. Aber wenn Sie uns von all Ihren Schwierigkeiten erzählen und darauf bestehen, unser Bewußtsein mit einem Bild der negativen Seite Ihres Lebens zu erfüllen, – sind Sie sich dann klar darüber, daß wir dies Bild erst wieder auslöschen müssen, ehe wir Ihnen helfen können, ein neues zu entwerfen, – ein Bild von dem, was Sie sein wollen? Wir möchten Ihnen unser Bestes geben; wollen Sie uns dabei helfen, daß in unserm Bewußtsein nicht eine Vorstellung entsteht, welche wir erst mühsam wieder loswerden müssen?"

Wir standen gerade vor einer Hecke. „Sehen Sie diese Berberitzenhecke?" fragten wir sie. „Warum nicht all die negativen Dinge, von denen Sie uns erzählen wollen, all die alten Probleme, die ganze Last, die Sie hier heraufgeschleppt haben, zu einem unsichtbaren Bündel zusammenschnüren und es hinter die Hecke werfen? Wollen Sie das tun? Dann haben wir alle drei ein weißes Blatt vor uns, um darauf ein ganz neues Bild zu entwerfen. Dann können wir Ihnen helfen, ein neues Leben aufzubauen und Ihrer Welt einen neuen Namen zu geben."

Harriet hatte den Gedanken sofort mit großem Verständnis erfaßt. Im Verlauf der Zeit sahen wir, wie die Last immer mehr von ihr abfiel und die inneren Spannungen sich lösten. Alle Magen- und Darmstörungen verschwanden. Ihre Bewegungen wurden beschwingt. Sie sprang sogar die Stufen herauf und herunter und hatte ihre steifen Gelenke vergessen.

Es gibt noch andere wichtige Punkte, die für die Kern-Therapie sprechen. Jeder einzelne in der Gruppe ist wie ein Kanal, durch den die Heilkraft zu einem andern Menschen hinströmen kann, der sie ebenso nötig oder noch nötiger braucht als er selbst. Diese kosmische Kraft darf, wenn man sie empfangen hat, nicht zurückgestaut werden. Man muß sie sogleich weitersenden; wenn sie nicht im Flusse bleibt, ist sie nicht mehr lebendig.

Diese lebendige Kraft bedeutet Lebenssteigerung; aber sie muß ununterbrochen weitergegeben werden, um dynamisch zu bleiben. Um das Leben zu finden, mußt du es verlieren. Johannes schaute diesen göttlichen Kreislauf als „einen lauteren Strom des lebendigen Wassers", der aus dem Herzen Gottes in die Herzen der Menschen und wieder zurück zu Gott flutete. Es muß ein ununterbrochenes Fließen und Strömen sein.

Wir müssen also lernen, immer weniger an uns selbst zu denken. In unseren gemeinsamen Freizeiten („Camps Farthest Out") pflegen wir einen täglichen Rhythmus, der uns hilft, uns von uns selbst loszulösen und weniger ichbezogen zu werden. Wir haben dort Kurse im Schriftstellern, Malen und Musizieren, um durch schöpferische Gestaltung frei zu werden von unserem Ich. In der Kern-Therapie werden unsere Gedanken immer mehr von unseren persönlichen Nöten und Problemen abgelenkt; immer stärker werden wir uns unseres Einsseins mit den anderen bewußt.

Wir beten weniger darum, daß Gott unsere Krankheiten, Sorgen oder Schicksalsnöte von uns nehme, als darum, daß wir emporgehoben werden zu der Gesinnung, die in Christus Jesus war. Wir beten weniger um die Erfüllung dieses oder jenes Wunsches, sondern um die Fülle seiner Gegenwart. Denn in der göttlichen Gegenwart verschwinden Krankheit und Not; Gott durchflutet uns mit seinem Wesen, um all unser Verlangen zu stillen.

Wenn wir täglich gemeinsam arbeiten und beten, machen wir die Erfahrung, daß es im Grunde nur *ein* Problem ist, das uns alle bewegt. Alle andern leiten sich von diesem ab. Es ist dies: Wie lernen wir Gott erkennen? Wie lernen wir, in der Gegenwart Jesu Christi zu leben?

Auf die einzelnen Seiten dieses Problems kommt es gar nicht an. Es mag sich um psychologische, religiöse oder gesundheitliche Dinge handeln: ein gebrochenes Herz, Schwierigkeiten im Zusammenleben mit unseren Nächsten oder eine verhärtete Leber. Das alles macht keinen Unterschied; es handelt sich hier um dein persönliches Problem, das für dich wichtig und wesentlich ist. Dir erscheint es so, als ob du zu allen davon reden müßtest. Aber schon nach kurzer innerer Besinnung erkennst du, daß jeder andere in der Gruppe auch sein Problem hat. Jedem ist das seine so wichtig und wesentlich, daß er glaubt, darüber reden zu müssen. So geht dein Problem in dem des andern auf; du nimmst das seine in dich hinein und vergißt dein eigenes. Das ist echte seelische Heilweise, – „christlicher Kommunismus".

Dann wirst du erleben, daß dein eigenes Problem immer unwichtiger wird, je mehr in dir der Wunsch wächst, andern zu helfen. Du entdeckst die Wahrheit des Wortes: Wer sein Leben verliert, der wird es finden.

Wo zwei oder drei versammelt sind in Seinem Namen, da bildet sich ein Gebets-Kern. Man liest zusammen, man betet, in Worten oder schweigend, – aber allem andern vorausgehen muß die völlige Ausschaltung des Ich, indem man sein Herz für die Sorgen anderer öffnet. Ein gutes Wort für eine Gebetsgruppe wäre vielleicht dies: „Ihr braucht nicht über eure Probleme zu sprechen; aber bringt eure innersten Herzensgeheimnisse vor Gott und vertraut sie ihm an. Sprecht darüber nur mit Ihm."

Wenn ihr dann Woche für Woche zusammenkommt und die Anliegen anderer in euer Gebet aufnehmt, dann werdet ihr die Probleme der andern Mitglieder der Gruppe mitfühlen und immer empfänglicher werden dafür. Je stärker ihr in eurem eigenen Leben die göttliche Liebe erlebt, desto mehr wird sie wie ein Scheinwerfer ausstrahlen auf einen andern Menschen. Auf diese Weise teilt ihr das Leiden eures Nächsten in helfendem Sinne. Dies ist die Lehre des Kreuzes.

„Die Fürbitte", hat Bischof Brent gesagt, „läßt nicht gute Wünsche in die Lüfte hinausflattern zu einem Menschen hin, dem wir Gutes erweisen wollen. Ebensowenig besteht sie darin, daß wir unsere frommen Hoffnungen in Worten oder im Schweigen zu Gott emporschicken.

„Die Fürbitte ist vielmehr die ganz normale Auswirkung einer lebendigen Energie; die unmittelbare Übertragung von Lebenskraft auf einen Menschen, der dafür positiv empfänglich ist, und die Schaffung neuer schöpferischer Möglichkeiten für ihn, – ganz gleich, wie er geistig-seelisch beschaffen sein mag.

„Durch die Kraft der seelischen Übertragung, die den Raum ausschaltet, weil sie ihn ganz außer acht läßt, berühren wir mit unserm Leben das Leben unserer Freunde und stellen gleichzeitig eine klare und bewußte Verbindung mit Gott her. Unser Leben öffnet sich der Einwirkung Gottes, der durch uns seine Gaben weitergibt. Wir werden zu Kraftträgern für andere.

„Gottes Kraft, Gottes Liebe, Gottes heilendes Leben strömen durch uns zu unseren Nächsten hin. So erhält unser Gebet einen neuen vertieften Sinn."

Durch Stillesein und Lauschen wird dir das vollkommene Wort gegeben, um jedem Menschen nach seiner besonderen Art nahe zu kommen. Wenn du dich innerlich ganz auf die Stimme des Geistes einstellst, wirst du die höchste Weisheit empfangen – ja, das Wort der Wahrheit selbst. Bleibe in diesem Wort und laß es in dir bleiben; dann wird auch der, für den du betest, es vernehmen. „Er wird im Licht wandeln, und die Herrlichkeit der Kindschaft wird in ihm leuchten."

„Ich will dich unterweisen und dich lehren. Ich will dir große und mächtige Dinge zeigen, von denen du nicht weißt... Ich will dich auf Wegen führen, die du zuvor nicht gekannt hast."